ANDRÉ LAINE

PILOTE AVIATEUR
INSTRUCTEUR TECHNIQUE

POUR DEVENIR AVIATEUR

Pourquoi on veut être Aviateur

Marche à suivre pour entrer dans l'Aviation

L'École préparatoire des Aviateurs

L'École de pilotage

Les Épreuves du Brevet Militaire

LIBRAIRIE AÉRONAUTIQUE
40, RUE DE SEINE, 40
PARIS

Pour devenir Aviateur

ANDRÉ LAINÉ

PILOTE AVIATEUR
INSTRUCTEUR TECHNIQUE

POUR DEVENIR AVIATEUR

Pourquoi on veut être Aviateur

Marche à suivre pour entrer dans l'Aviation

L'École préparatoire des Aviateurs

L'École de pilotage

Les Épreuves du Brevet Militaire

LIBRAIRIE AÉRONAUTIQUE
40, RUE DE SEINE, 40
PARIS

Pour devenir Aviateur

CHAPITRE PREMIER

POURQUOI ON VEUT ÊTRE AVIATEUR

Le confortable et le milieu.

L'enthousiasme provoqué par l'aviation était, avant la guerre, déjà fort vif, et considérable le nombre de ceux qui, pour le plaisir de voler, risquèrent leur fortune et leur vie.

Depuis, le prestige de l'aviation — dû en partie aux exploits admirables de ses *As* — n'a fait que croître. Le nombre de ceux qui désirent devenir aviateurs a augmenté dans des proportions très grandes et dépasse largement les besoins. Jamais il n'a été nécessaire de recourir à l'incorporation obligatoire dans la cinquième arme.

Sans vouloir décourager les bonnes volontés, il est peut-être utile, cependant, de mettre en garde les candidats contre des enthousiasmes irréfléchis et d'examiner les raisons qui motivent un certain nombre de demandes.

Le public a une propension marquée à se représenter l'aviateur comme menant une vie perpétuellement élégante et confortable. A l'heure actuelle, les conditions d'existence en escadrille sont souvent assez précaires, comparativement à l'effort nerveux considérable qu'exigent les longues et difficultueuses missions aériennes. Il n'est pas rare que des pilotes couchent sous la tente ou dans des « cagnas » infiniment moins confortables que celles de certains artilleurs. De plus, le besoin d'aviateurs croissant chaque jour, nombre de ceux-ci n'ont maintenant ni l'instruction ni l'éducation de ceux du début de la guerre.

Cependant, s'il n'est pas niable que l'aviateur ait une vie plus heureuse que le fantassin, l'ennui de la vie de tranchée ne doit pas être le seul mobile qui incite à entrer dans l'aviation. Mieux vaut rester dans son arme d'origine que de demander à devenir aviateur, si l'on n'a ni la conviction de posséder le « cran » et surtout le sang-froid nécessaires, ni le désir sincère de s'y rendre utile, non seulement à l'arrière, mais d'abord et surtout en escadrille. Un excellent fantassin pourra faire un piètre aviateur, et réciproquement. Le premier aura besoin d'une continuité dans l'effort inutile au second, lequel devra, par contre, pendant ses heures de vol, faire preuve d'un courage et d'un esprit d'initiative que ne stimulera pas la présence de compagnons d'armes.

Les pertes.

Le nombre des pertes de l'aviation est équivalent à celui de l'infanterie. Nous parlons ici du personnel navigant, l'autre courant infiniment peu de risques, puisque seuls les premiers mécaniciens d'escadrille sont autorisés à voler, — à titre exceptionnel et jamais sur les lignes. Les dangers courus se répartissent sur un temps plus limité — pendant les vols — et voilà tout. Ces pertes proviennent en majorité d'accidents plutôt que du fait de l'ennemi. Ceux-ci sont généralement mortels : la blessure légère qui procure aux combattants des autres armes une évacuation à l'arrière suivie d'une convalescence est presque inconnue dans l'aviation.

Ce sont là des vérités qu'il convient de ne pas laisser ignorer, ne fût-ce que pour en détourner ceux qui, sans le moindre goût pour cette arme, demandent à y entrer dans l'espoir d'échapper au danger.

Les récompenses.

L'avancement est plus lent dans l'aviation que partout ailleurs pour les hommes de troupe. Quant aux officiers, ils suivent le sort de leur arme d'origine puisque l'aviation ne forme pas une arme distincte. Les fantassins, par exemple, avancent plus vite que les cavaliers. Une autre conséquence découle de ce manque d'autonomie : les gradés qui entrent dans l'aviation sont pourvus d'un commandement qu'ils ont parfois à exercer sur de vieux pilotes ayant une expérience infiniment supérieure à la leur.

Le temps n'est plus où le fait de passer les lignes constituait un titre à une citation. Elle n'est pas plus généreusement distribuée dans l'aviation que dans les autres armes et nombre d'aviateurs ne l'obtiennent jamais malgré de nombreuses missions courageusement effectuées dans des conditions spécialement périlleuses.

L'indemnité de fonction.

Une dernière considération enfin peut inciter à entrer dans l'aviation : c'est la prime de vol. Celle-ci est variable suivant les grades, bien que « tout pilote soit, après Dieu, souverain maître à bord » et que les plus gradés d'entre eux ne volent pas plus que les autres. Les pilotes officiers touchent une prime de 10 francs par jour; les adjudants, 5 francs; les autres sous-officiers, 4 francs; les caporaux et hommes de troupes, 2 francs. Le taux est diminué de moitié pour le passager observateur, mitrailleur ou bombardier) et pour l'élève pilote, qui courent cependant les mêmes risques.

Cette indemnité est payée à l'aviateur même s'il ne vole pas et même s'il est inapte à aller en escadrille, pourvu qu'il ait accompli dans le semestre courant deux épreuves dont un voyage de plus de 150 kilomètres.

Ces épreuves sont remplacées, pour l'observateur, par 15 heures de vol au minimum.

Il est d'ailleurs question de remplacer par l'allocation de frais de déplacements cette indemnité de fonctions nécessaire en temps de paix — puisque l'aviation est alors la seule arme comportant des risques véritables — mais qui a suscitée en temps de guerre de nombreuses critiques.

CHAPITRE II

MARCHE A SUIVRE POUR ENTRER DANS L'AVIATION

Établissement et transmission des demandes.

Les décisions à intervenir relativement aux demandes présentées, à des titres divers, en vue d'une affectation à l'Aéronautique militaire, subissent souvent des retards, occasionnés par la non-observation des dispositions réglementaires et la nécessité dans laquelle se trouve l'Administration centrale de retourner les dossiers, pour complétement d'information.

La circulaire n° 6.603-40/12 du Sous-Secrétaire d'État de l'Aéronautique militaire, en date du 20 juin 1917, édicte les prescriptions suivantes :

A. — ZONE DE L'INTÉRIEUR.

I. — DEMANDE.

Aucune demande formulée par les militaires de tous grades, de la zone de l'intérieur, pour être admis *à un titre quelconque*, dans le personnel de l'Aéronautique militaire, ne peut être arrêtée dans sa transmission. Toutes les demandes, sans exception, doivent être adressées et transmises en tout temps, *directement et sans aucune exception* au Sous-Secrétariat d'État de l'Aéronautique militaire, 4e bureau, 280, boulevard

Saint-Germain, par les Commandants des dépôts ou les Chefs de service, sous les ordres desquels sont placés les intéressés. Toutefois, les demandes formulées par les militaires du service automobile devront être adressées au Ministère de l'armement et des fabrications de guerre (Service automobiles. Personnel.)

II. — DOCUMENTS A FOURNIR PAR LES INTÉRESSÉS.

a) *Personnel navigant* : élèves pilotes, observateurs, recrutés, en principe, parmi les officiers, mitrailleurs, bombardiers, canonniers.

1° Demande de l'intéressé, conforme au modèle de l'annexe n° 1 ;

2° Certificat médical de visite et de contre-visite établi conformément aux prescriptions de l'annexe n° 3 ;

3° État signalétique et des services (pour les hommes de troupe seulement) ;

4° Relevé des punitions (pour les hommes de troupe seulement) ;

5° Notice du modèle de l'annexe n° 3.

b) *Personnel non navigant* : officiers, sous-officiers et caporaux d'encadrement, ouvriers en fer et en bois de toutes catégories, conducteurs d'automobiles, armuriers, artificiers, selliers, bourreliers, tapissiers, voiliers, cordiers, dessinateurs industriels, etc.

1° Demande de l'intéressé, conforme au modèle de l'annexe n° 1 ;

2° Certificat médical de visite et de contre-visite indiquant si le candidat est apte ou inapte à l'arme à laquelle il appartient et, dans ce dernier cas, le détail des maladies, blessures ou infirmités le rendant inapte, avec indication de la durée probable de l'inaptitude ;

3° État signalétique et des services (pour les hommes de troupe seulement) ;

4° Relevé des punitions (pour les hommes de troupe seulement) ;

5° S'il y a lieu, certificats professionnels permettant de se rendre compte des aptitudes du candidat à l'emploi qu'il sollicite ;

6° Notice du modèle de l'annexe N° 3.

B. — ZONE DES ARMÉES.

I. — Demande.

Les demandes de toutes natures formulées par les militaires, de tous grades, de la zone des armées, pour être admis dans le personnel de l'Aéronautique comme élève pilote, observateur, mitrailleur, bombardier, ouvrier en fer ou en bois de toutes catégories, armurier, électricien, photographe ou dessinateur industriel, seront adressées, *sans exception*, par la voie hiérarchique, au Général commandant l'Armée.

Les photographes et les dessinateurs industriels doivent appartenir aux classes 1902 et plus anciennes, ou être du service auxiliaire.

Les demandes seront annotées par le Commandant de l'Aéronautique de l'Armée, qui pourra, s'il le juge utile, convoquer l'intéressé en vue de le soumettre à un examen destiné à s'assurer qu'il possède les aptitudes voulues pour l'emploi sollicité. Généralement le candidat est envoyé à l'escadrille la plus voisine où on l'interroge *très sommairement*.

Tous les dossiers qui seront favorablement annotés par le Commandant de l'Armée seront transmis au Général commandant en chef.

II. — Documents a fournir par les intéressés.

Ces documents sont les mêmes que ceux énumérés à l'alinéa a) *Personnel navigant* et à l'alinéa b) *Personnel non navigant* de l'article II du paragraphe A ci-dessus.

C. — DOCUMENTS ABROGÉS.

Sont abrogées, toutes les dispositions contraires à la présente circulaire, et notamment :

1º La circulaire du 31 mars 1916 (B.O.P.P., p. 2814), modifiée le 6 mai 1916 (B.O.P.P. p. 354) ;

2º L'additif du 14 avril 1917, à la circulaire du 31 mars 1916, (B.O.P.P., p. 989).

" Région
ou
Gouvernement Militaire
de

Dépôt du   " Régiment
de

" Régiment de
" Bataillon de
etc.

Pour la zone de l'intérieur.

Pour la zone des Armées.

1. Grade, nom et prénoms.
2. Classe de mobilisation.
3. Élève pilote, observateur, mitrailleur, bombardier, ouvrier en fer, etc.

le   19
Le (1)   classe (2)
à Monsieur le Sous-Secrétaire d'État
de l'Aéronautique (4e Bureau).
ou
à Monsieur le Général Commandant la
Armée.

Je sollicite mon affectation, dans le
personnel de l'Aéronautique Militaire,
à titre de (3)

(Avis motivé du Chef de corps, du
Commandant du dépôt du
du Chef de service.)

NOTA — A l'appui de la demande, devront être joints les documents dont
la production est prescrite par les alinéas A ou B de la circulaire ci-dessus

CONDITIONS D'APTITUDE PHYSIQUES
pour pouvoir être admis dans le personnel navigant de l'Aviation (1).

L'aptitude physique des candidats au personnel navigant de l'Aviation comporte :

1° Une acuité visuelle normale pour les deux yeux et pour chaque œil (aucune correction par les verres n'étant admise).

2° Un champ binoculaire normal, l'aptitude à distinguer le vert du rouge et à reconnaître les couleurs principales.

3° Une acuité auditive normale avec état d'intégrité de l'oreille moyenne et interne, et, en particulier de l'appareil d'équilibration.

4° Un état d'intégrité absolue des organes de la respiration et de la circulation.

5° Un poids maximum de 85 kilos pour les élèves pilotes et de 75 kilos pour les observateurs, mitrailleurs, bombardiers, canonniers, etc. (Les candidats sont pesés revêtus de leur uniforme à terre, sans armes ni équipement et sans aucun des vêtements spéciaux qui sont revêtus à bord des aéronefs.)

Ces conditions particulières sont indépendantes des conditions générales d'aptitude physique au service militaire.

Les différents renseignements qui précédent devront être mentionnés très explicitement sur le certificat de visite et de contre-visite qui devra indiquer, en outre :

a) Les antécédents (tares héréditaires, tares nerveuses personnelles, etc.).

b) Si le candidat est apte ou inapte à l'arme à laquelle il appartient, et, dans ce dernier cas, le détail des maladies, blessures ou infirmités le rendant inapte, avec l'indication de la durée probable de l'inaptitude.

____

(1) A ce propos, voir *Physiologie. Inaptitude, Hygiène de l'Aviateur* du Dr GUILBERT (Librairie Aéronautique).

° Région

ou

Gouvernement Militaire

de   Pour la zone de l'intérieur.

Dépôt du   ° Régiment

de

° Régiment de
° Bataillon de   Pour la zone des Armées.
etc.

NOTICE de renseignements concernant le
1.   qui
demande à être admis dans le person-
nel de l'Aéronautique militaire, à titre
de ².

1. Grade, nom et prénoms.

2. Élève pilote, observateur, mitrailleur, bombardier, ouvrier en fer, etc.

3. Le Chef de corps, le Commandant de dépôt, le Chef de service, etc.

Situation militaire ᵃ :

Age du candidat :

Profession dans la vie civile :

Instruction générale (b) :

Instruction militaire (b) :

Instruction aéronautique reçue précédemment :

Antécédents sportifs (c) :

Connaissances professionnelles :

Aptitudes à recevoir l'instruction sur le fonctionnement des appareils de T. S. F. (d) :

Conduite et manière habituelle de servir :

le   191 .

Le ³.

NOTA — L'âge limite, au dessus duquel il ne sera fait aucune désignation dans le personnel navigant (pilotes) est fixé à 30 ans. De plus, les officiers d'un grade supérieur à celui de lieutenant ne sont admis qu'à titre exceptionnel.

a. Pour un officier, indiquer s'il est de l'active, de la réserve de l'Armée active ou de l'Armée territoriale, et s'il possède son grade à titre temporaire où à titre définitif.

Pour un homme de troupe (sous-officier, caporal, brigadier ou soldat) spécifier si le candidat appartient au service armé ou au service auxiliaire.

b) Les Commandants de dépôt, Chefs de service, etc., mentionneront en ce qui concerne les élèves-pilotes : 1° s'ils possèdent des connaissances exigées pour l'obtention du certificat d'études primaires 2° s'ils ont les connaissances pratiques du service en campagne, exigées des candidats caporaux ou brigadiers.

c) Pour les candidats au personnel navigant seulement. Ces renseignements ayant une grande importance au point de vue de la désignation des candidats, doivent être aussi détaillés que possible.

d) Pour les candidats au personnel navigant seulement.

Cours préparatoires à la cinquième arme.

A l'appui de leur demande d'admission dans l'Aviation, les candidats pourront utilement joindre, en outre des certificats professionnels ci-dessus indiqués, ceux qu'ils auraient pu obtenir à la suite de cours d'aviation qu'ils auraient suivis.

Certains centres d'aviation, comme celui de Dijon, désignent un instructeur pour faire un cours élémentaire d'aviation dans les écoles commerciales et professionnelles voisines.

Certaines sociétés de préparation militaire ont organisé des cours préparatoires. Pour Paris, ces cours, purement théoriques, ont lieu, tous les dimanches, au camp de Saint-Maur. Quelques préparations d'arrondissement ont mis à leur programme la spécialité aviation. En outre, fonctionnait à Auteuil, ces temps derniers, une Université aérotechnique de France dont les cours étaient fréquentés par nombre d'apprentis des établissements de construction de la périphérie.

Enfin, indépendamment du cours du professeur L. Marchis, à la Sorbonne, existe une *École supérieure d'aéronautique*, connue aussi sous le nom d'École supérieure de mécanique (92, rue de Clignancourt). C'est une école industrielle supérieure destinée à former des ingénieurs pour les industries mécaniques en général et plus spécialement pour les applications des moteurs à explosion aéronautique, etc... Chaque année, les Ministres de la Guerre et de la Marine y détachent des officiers pour suivre les cours.

D'autre part, des élèves étrangers, ingénieurs ou officiers, sont envoyés officiellement à l'école par leurs gouvernements.

L'école se subdivise en deux divisions appelées Première année et Deuxième année.

Pour la première année, les élèves sont reçus après examens constatant qu'ils connaissent les matières enseignées dans les classes de mathématiques spéciales. L'enseignement de la première année comprend, d'une part, un complément d'études scientifiques, d'autre part, les connaissances techniques générales que tout ingénieur doit posséder, quelle que soit sa spécialisation.

Les après-midi sont consacrés aux cours théoriques ; les matinées, au dessin industriel et à l'exécution, sous la direction d'un ingénieur, de projets constituant des applications des divers cours.

Les élèves sortants de la Première année et ayant une moyenne suffisante sont admis de droit à la Deuxième année ; les candidats n'ayant pas suivi la Première année sont soumis à des examens spéciaux. Les études théoriques et techniques sont complétées, pendant la Deuxième année, par des travaux manuels exécutés dans les ateliers de l'école.

Sans négliger l'aéronautique, l'enseignement s'applique tout spécialement aux moteurs en général, et surtout au moteur à explosion et aux industries qui l'emploient. Après avoir étudié la théorie et la construction des moteurs, les élèves se familiarisent avec l'anatomie de ces machines en s'exerçant au montage et au dessin de divers modèles. Ils procèdent ensuite à des essais et réglages, qui constituent des applications pratiques d'un cours spécial sur ces essais.

Les candidats à l'École supérieure d'aéronautique pourvus de certains diplômes (ingénieurs de Polytechnique, Centrale, etc.) sont dispensés de l'examen d'entrée. Pour les autres, existe une *École préparatoire* où sont enseignées les matières de cet examen. Elle est provisoirement installée dans les locaux de l'École supérieure.

Enfin, l'École supérieure d'aéronautique a créé un *Cours supérieur par correspondance*, qui n'a en vue que d'appuyer, sur des notions élémentaires considérées comme précédemment acquises, une étude spéciale, rationnelle en son principe, mais orientée pratiquement, du moteur à explosion, de ses conditions de construction, de fonctionnement et d'utilisation. Il doit préciser et compléter les connaissances de mécanique et de physique absolument indispensables à tous ceux qui, s'intéressant directement à l'industrie nouvelle, veulent être toujours à même d'en suivre le développement et les progrès.

L'enseignement comporte un cours autographié, accompagné d'une série de devoirs par l'élève, en vue de la correction à faire par les professeurs de l'école. Il est exclusivement consacré au moteur à explosion : on en a exclu tous les calculs, toutes les discussions d'ordre purement théorique, toutes les formules qui ne sont pas d'usage courant ; les dessins sont simples et facilement lisibles.

Il est divisé en deux parties, chacune comportant plusieurs fascicules distincts :

Partie A. — Enseignement du moteur :

    a) Construction du moteur ;
    b) Fonctionnement.

Partie B. — Applications :

    a) A l'automobile :
    b) A l'aviation ;

c) À l'industrie;
d) À l'agriculture.

Les devoirs et exercices sont également adressés par l'École, mais choisis par les professeurs suivant les aptitudes de l'élève et l'ordre des applications qu'il a en vue.

Une fois faits, ils sont envoyés par l'élève au secrétariat de l'École, puis, après correction et annotations manuscrites par le professeur, ils sont retournés à l'auteur, accompagnés, s'il y a lieu, d'un corrigé autographié.

Les élèves inscrits reçoivent périodiquement un fascicule des cours avec la série des devoirs correspondants.

On peut adresser une demande d'inscription (92, rue de Clignancourt) pour l'ensemble des cours ou seulement pour la partie A et l'une des subdivisions de la partie B.

L'enseignement étant individuel, peut commencer à tout moment.

En fin d'études, les élèves qui en font la demande pourront être autorisés à subir, au siège de l'école, un examen spécial en vue de l'obtention d'un certificat.

Engagements volontaires.

1° PERSONNEL NAVIGANT.

Les autorisations d'engagement direct dans le personnel navigant ne sont accordées qu'à titre tout à fait exceptionnel, ce personnel étant recruté parmi les militaires sous les drapeaux *et ayant déjà été au front*.

Les demandes d'autorisation d'engagement dans le personnel navigant sont adressées au Sous-Secrétariat d'État de l'Aéronautique militaire (4e bureau, 280, boulevard Saint-Germain, à Paris, avec tous les renseignements utiles, tant sur la situation des candidats au point de vue militaire que sur leurs aptitudes à l'affectation demandée (élève pilote, mitrailleur, bombardier, etc.).

La notice de renseignements employée pour les demandes présentées par les militaires (annexe 3) peut servir de guide pour les renseignements à fournir en ce qui concerne les aptitudes, -- en insistant sur les antécédents sportifs.

2° Personnel non navigant.

Les militaires réformés définitivement, ainsi que les hommes dégagés de toute obligation militaire peuvent, en vertu de la loi Dalbiez, s'engager, pour la durée de la guerre, dans l'aéronautique. Ils doivent adresser leur demande au Commandant du dépôt du groupe d'aviation ou au chef de l'établissement dans lequel ils désirent servir. Le premier groupe d'aviation est à Dijon; le deuxième à Lyon et le troisième à Bordeaux.

Les ajournés d'une profession utilisable dans les services de l'aviation peuvent également contracter un engagement pour la durée de la guerre, dans la cinquième arme, mais au titre du service armé seulement. La demande doit également être adressée au Sous-Secrétariat de l'Aéronautique militaire (4° bureau). Elle doit préciser la situation de l'intéressé au point de vue militaire et être appuyée de références permettant d'apprécier les aptitudes professionnelles (certificats des directeurs d'écoles ou d'usines, certificats professionnels, etc.).

Enfin, un petit nombre de jeunes gens de la prochaine classe peuvent, quelques mois avant l'incorporation de celle-ci, s'engager dans l'aviation, — mais toujours dans le personnel non navigant. Les autorisations sont exclusivement accordées à des professionnels justifiant d'aptitudes manuelles utilisables (ouvriers en fer et en bois, chaudronniers, spécialistes de moteurs, électriciens, etc.). Les demandes, envoyées à la même adresse que ci-dessus et accompagnées des mêmes références, devront également donner l'indication de la date de naissance.

Les candidats pourront d'ailleurs être convoqués dans un atelier de l'État, en vue d'y subir un essai pratique manuel.

Centres d'instruction du personnel non navigant.

Deux centres d'instruction (Lyon : 2e groupe et Bordeaux : 3e groupe) existent pour le personnel non navigant de l'aviation : mécaniciens, automobilistes, ouvriers en fer et en bois de toutes catégories, armuriers, artificiers, selliers, bourreliers, tapissiers, voiliers, cordiers, vanniers, dessinateurs industriels, etc.

Les futurs mécaniciens y font un apprentissage de trois mois environ, avant d'être envoyés dans une formation de l'avant. Certains d'entre eux accomplissent un stage plus long, afin de passer le brevet de mécanicien qui donne droit à la prime journalière du service aéronautique, qui est la suivante :

Adjudants et adjudants-chefs mécaniciens. . . . 3 fr. 50
Autres sous-officiers mécaniciens. 3   00
Caporaux et brigadiers mécaniciens 1   50

Insignes de l'aviation.

Les mécaniciens brevetés ont le droit de porter, sur le bras gauche, une roue dentée avec un chevron en forme de V (fig. 9). Le port de leur ancien insigne : grenades ailées au col, n'est plus autorisé depuis longtemps que pour les mécaniciens *de ballon dirigeable*. A part ces derniers, *qui sont en nombre infime*, — seuls les pilotes ont le droit

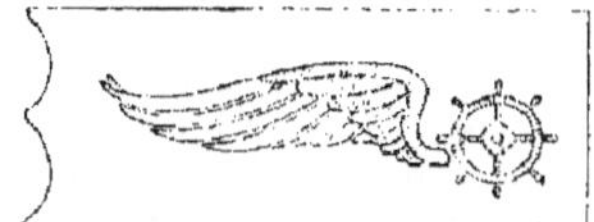

Fig. 1. — Insigne
de pilote de dirigeable.
(Se porte au col.)

Fig. 2. — Insigne
de pilote-aviateur.
(Se porte au col.)

Fig. 3. — Agrafe de pilote
d'avion.

Fig. 4. — Agrafe d'élève-
pilote et d'observateur
en avion.

Fig. 5. — Agrafe de pilote
de ballon dirigeable.

Fig. 6. — Agrafe d'élè-
ve-pilote de dirigea-
ble, de mécanicien
ou d'observateur en
ballon.

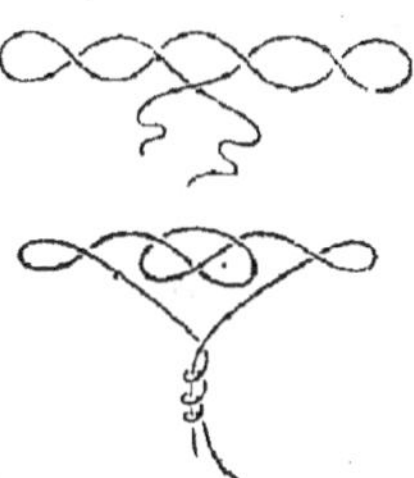

Fig. 7. — Agrafe du
personnel d'équi-
page d'avion ou de
dirigeable.

Fig. 8. — Insigne de
cordier, tailleur, voi-
lier, etc.
(Se porte au bras gauche.)

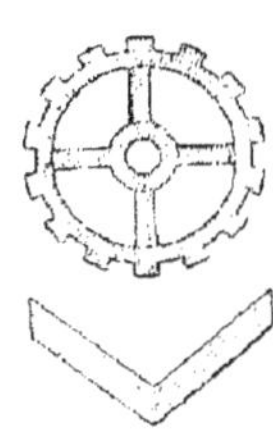

Fig. 9. — Insigne de
mécanicien d'aviation
breveté.
(Se porte au bras gauche.)

de porter des ailes au col : étoiles ailées pour les pilotes d'avion ; roues ailées pour les pilotes de dirigeable. Ces derniers sont d'ailleurs si peu nombreux que l'on peut dire que tous ceux qui arborent à leur col des ailes *sans étoiles* n'y ont aucun droit et n'ont probablement jamais volé, — les observateurs et les mitrailleurs eux-mêmes n'ayant pas droit au port des ailes sur le col (fig. 1 et 2).

Le port de l'hélice ou de l'ancre ailée sur le bras est également interdit pour *tout le personnel de l'aéronautique*. Tout insigne de cette nature est de pure fantaisie et on peut généralement en déduire que celui qui se l'attribue ne fait, à aucun titre, partie de la 5e arme.

Tout le personnel navigant a été pourvu, depuis le 1er novembre 1916, d'une broche réglementaire en métal, qui se porte sur le côté droit de la poitrine. Il en existe cinq modèles différents, identiques pour les militaires de tous grades :

1° Insigne de pilote d'avion : deux ailes d'or accolées dont le point de réunion est entouré d'une couronne de feuilles de chêne d'argent fermée en haut par une étoile d'or (fig. 3) :

2° Insigne d'élève-pilote d'avion : aile terminée par une étoile, entourée d'une couronne de feuilles de chêne, le tout en argent (fig. 4) ;

3° Insigne d'observateur en avion : même motif, mais avec l'aile d'or ;

4° Insigne de pilote de ballon dirigeable : deux ailes d'or accolées dont le point de réunion est entouré d'une couronne de feuilles de chêne d'argent fermée en haut par une roue d'or dentée (fig. 5) :

5° Insigne de mécanicien de ballon dirigeable et d'observateur en ballon dirigeable, ballon captif ou cerf-volant : aile d'or terminée par une roue dentée en argent entourée d'une couronne de feuilles de chêne en argent (fig. 6) ;

6° Insigne d'élève-pilote de ballon dirigeable : même motif, tout en argent;

7° Insigne du personnel d'équipage d'avion ou de ballon dirigeable, bombardier, mitrailleur, etc. : aile terminée par une hélice entourée d'une couronne unie, le tout en argent (fig. 7).

Les écussons et passepoils, orangés avec chiffres noirs pour l'aviation, noirs avec chiffres orangés pour l'aérostation, distinguent seuls les militaires appartenant aux services non navigants désignés plus avant. Les spécialistes, tailleurs de ballon, les cordiers et voiliers d'aéroplanes portent sur le bras gauche un insigne particulier (lacis de corde ou de fil, fig. 8).

CHAPITRE III

L'ÉCOLE PRÉPARATOIRE DES AVIATEURS

Autrefois, le futur aviateur était envoyé directement dans une école de pilotage, s'il était officier, ou faisait à Longvic-lès-Dijon un stage de quelques jours seulement, s'il était homme de troupe. On a reconnu les inconvénients de cette façon de procéder et, comme dans les autres pays, nos futurs aviateurs doivent tous suivre des cours techniques, — d'autant plus utiles que le recrutement de bons mécaniciens se fait chaque jour plus difficile. Cependant les élèves observateurs — officiers en général — sont envoyés directement à l'école d'observateurs en avion de S...

L'école de Longvic, — dont l'organisation est due à un aviateur du temps de paix dont l'autorité et la compétence sont indiscutables : le capitaine Frugier, — fonctionne depuis décembre 1917. C'est une école exclusivement technique, où seuls les instructeurs, qui sont pilote peuvent, voler, mais défense absolue leur est faite d'emmener des élèves à bord.

L'incorporation.

Le futur aviateur, en arrivant à Longvic, doit subir un examen qui porte sur ses connaissances générales. à l'exclusion de toute question technique : dictée et problème d'arithmétique très simples. Si ses connaissances sont reconnues absolument insuffisantes et s'il n'a pas son certificat d'études primaires, il est renvoyé à son corps d'origine.

Sinon il passe les visites médicales préalables à son entrée en cours. En effet, bien que son aptitude physique ait été reconnue par le certificat de visite et de contre-visite, dont nous avons donné plus haut le modèle, nombre de candidats n'en arrivent pas moins à Longvic avec une acuité visuelle très mauvaise pour l'un des yeux et sont, de ce fait, éliminés. Un certain nombre l'est aussi pour lésion de l'appareil d'équilibration de l'oreille, etc.

En cas de doute, le candidat est envoyé à Dijon, où des spécialistes lui font passer des contre-visites. Celles-ci ne comportent pas encore les moyens d'investigation de la méthode Camus-Nepper, qui fonctionne au Grand-Palais coups de revolver, douches, etc. dont la presse a souvent parlé. Si celle-ci était rendue obligatoire comme il en est question, 4o p. 100 des candidats environ se trouveraient, de ce fait, éliminés actuellement 15 p. 100 environ .

Les cours.

Reconnu apte, le futur aviateur est affecté à un *stage*. (Les officiers élèves pilotes ont un stage spécial. Pendant un mois environ il suivra des cours théoriques et des cours pratiques. Ceux-ci, qui ont une durée double de ceux-là, comportent l'étude détaillée des principaux types d'avions, le montage et le démontage des moteurs, leur mise en marche et la recherche des pannes sur bancs d'essais.

Des cours théoriques sont professés concurremment aux leçons pratiques sur les matières suivantes :

COURS D'AVIATION

PREMIÈRE PARTIE
MÉCANIQUE ET AÉRODYNAMIQUE

CHAPITRE PREMIER. — NOTIONS DE MÉCANIQUE INDISPENSABLES EN AVIATION. Force. Définition. Caractéristiques. Représentation graphique. — Composition et équilibre de forces. Forces opposées, forces parallèles. — Couple de forces. Moment d'une force. — Travail d'une force. — Force vive. Force centrifuge et force centripète. — Puissance mécanique. — Puissance massique. Rendement. — Principe de l'inertie. — Centre de gravité. — Équilibres indifférent, stable et instable. — Vitesse. — Vitesse circonférencielle et vitesse angulaire. — Gyroscope. — Effets gyroscopiques. Trajectoire.

CHAPITRE II. — AÉRODYNAMIQUE. — Définition. — Pressions et dépressions. — Résistance des corps suivant leurs formes. — Résistance des corps suivant leurs positions. — Action de l'air sur les surfaces plates : a) Surface frappée normalement ; b) Surface frappée obliquement. B — KSV²i. — Forces agissant sur un avion en vol. — Finesse d'un avion. — Action de l'air sur les surfaces courbes. — Les ailes. — Formes des ailes. — Distribution des pressions sur les ailes : Spectre d'une aile. — Stabilité transversale. — Gauchissement. — Virage. — Stabilité longitudinale. Empennage. — Gouvernail de profondeur. — Engagement. — Perte de vitesse. — Glissade. — Vrille. — Stabilité de route. — Compensation des gouvernails. — Valeur des différentes stabilités : commandée, propre et automatique.

DEUXIÈME PARTIE
CONSTRUCTION, ENTRETIEN ET VÉRIFICATION D'UN AÉROPLANE

CHAPITRE PREMIER. — FUSELAGE ET NACELLE. — Poutre armée. — Cordes à piano et tendeurs. — Bois employés. — Métaux employés.

QUATRIÈME PARTIE

LES PHÉNOMÈNES ATMOSPHÉRIQUES ET LEURS CONSÉQUENCES POUR L'AVIATEUR

ments fournis. — Cyclones et anticyclones. — Loi de Buys-Ballot.

Chapitre VI. — La prévision du temps. — Nuages et vent. Baromètre et thermomètre. — Renseignements locaux. — Renseignements donnés par téléphone.

CINQUIÈME PARTIE
LES INSTRUMENTS DE BORD

Chapitre premier. — Le compte-tours ou tachymètre. — Essai de moteur au point fixe. — Indications fournies en vol par le tachymètre.

Chapitre II. — L'altimètre et le barographe. — Principe. — Façon de se servir du barographe.

Chapitre III. — L'indicateur de vitesse. — Utilité. — L'« Etévé ». — Le « Badin ».

Chapitre IV. — La carte. — Nécessité de son emploi. — Choix de la carte. — Étude de la carte. — Points de repère. — Préparation de la carte.

Chapitre V. — La boussole. — Description de la boussole. — Calcul de l'angle de route. — Dérive. — Usages de la boussole. — Compensation de la boussole. — Boussole anglaise. — Orientation par les astres.

Programme d'instruction de tir.

Le tir, dont l'importance est capitale pour les futurs aviateurs, est enseigné suivant ce programme

1re Semaine. — 1 — Conférences cinématographiques.
         2 — Instruction au chevalet de pointage.
         3 — Tirs réduits à la carabine 1890 (sur fourche).
         4 — Réglage théorique et pratique des hausses, guidons et crans de mire.
         5 — Cours de cartoucherie.

2ᵉ SEMAINE.

1 — Conférences cinématographiques.
2 — Tirs réduits à la carabine 1890 (sur fourche).
3 — Tirs réduits à la carabine 1890 (à bras francs).
4 — Tirs réduits à la mitrailleuse (Lewis et Maxim).
5 — Cours pratiques sur la mitrailleuse au pas de tir.
6 — Réglage pratique au stand des hausses, guidons, etc. Crans de mire.
7 — Cours de cartoucherie.

3ᵉ SEMAINE.

1 — Conférences cinématographiques.
2 — Tirs réduits à la carabine 1890 (sur fourche). (Buts fixes et buts mobiles).
3 — Tirs réduits à la carabine 1890 (à bras francs). (Buts fixes et buts mobiles).
4 — Tirs réels à la mitrailleuse. (But fixe unique et buts multiples fixes).
5 — Technique pratique de la mitrailleuse au pas de tir.

4ᵉ SEMAINE.

1 — Conférences cinématographiques.
2 — Tirs réduits à la carabine 1890 (sur fourche). (Buts fixes et buts mobiles).
3 — Tirs réduits à la carabine 1890 (à bras francs). (Buts fixes et buts mobiles).
4 — Tirs réduits à la mitrailleuse. (Buts fixes et buts mobiles).
5 — Tirs réels à la mitrailleuse. (But unique fixe et buts multiples fixes).
6 — Technique pratique de la mitrailleuse.
7 — Concours.
8 — Examens.

Les Élèves mitrailleurs et bombardiers.

Les futurs mitrailleurs et bombardiers suivent des cours analogues à ceux des futurs pilotes, mais le tir y tient pour eux la première place, l'étude de l'avion et du moteur étant limitée à des données générales.

Ensuite, ils sont envoyés à l'École de tir aérien de Cazaux ou à l'École de bombardement du Crotoy, avant d'aller à l'un des groupes divisionnaires d'entraînement (G. D. E.), qui ont remplacé l'ancienne Réserve générale d'aviation du Bourget. De là ils partent en escadrille.

Le classement des Élèves pilotes.

Des notes sont données aux élèves pilotes sur chaque matière du programme :

1° Par le chef de stage, secondé par les sous-instructeurs et sur le vu d'un travail écrit exécuté vers le dixième jour du stage ;

2° Par les chefs de groupe, au cours d'interrogations aussi nombreuses que possible, auxquelles il est procédé pendant le stage ;

3° Par les moniteurs qualifiés, au cours des séances d'instruction pratique ;

4° Par les instructeurs et le chef de stage, au cours d'une interrogation générale de révision à laquelle il est procédé pendant trois jours à la fin du stage.

Le classement en fin de cours est déterminé par la note de sortie.

Cette note est établie de la manière suivante :

1° A l'aide des notes données en cours de stage, dans des interrogations ou à la suite de la correction du travail écrit, ou à la suite de l'exécution des tirs. Une note moyenne est établie pour chacune des matières suivantes :

Connaissance de l'avion;

Connaissance du moteur;

Lecture de la carte;

Tir.

Ces notes moyennes entrent dans le calcul de la note de sortie avec les coefficients suivants : Avion : 1; Moteur : 3; Lecture de la carte : 2; Tir : 2. La note pour la lecture de la carte est éliminatoire si elle est inférieure à 10 sur 20.

2° A la suite de l'interrogation générale de révision, une note est donnée pour chacune des matières suivantes :

Connaissance de l'avion;

Connaissance du moteur;

Lecture de la carte.

Ces notes entrent dans le calcul de la note de sortie avec les coefficients suivants :

Avion : 1; Moteur : 3; Lecture de la carte : 2.

3° Une note d'appréciation générale est donnée par le chef de stage et entre dans le calcul de la note de sortie avec le coefficient 5.

Cette note, basée sur la connaissance de l'élève acquise par le chef de stage, tient compte de son intelligence, de son aptitude sportive, de son assiduité, de sa conduite et de son attitude générale.

On peut dire que tout élève d'aptitude moyenne et ayant travaillé normalement est reçu. Sinon il est : soit radié et renvoyé à son corps, soit admis à redoubler et affecté à un stage suivant.

Les élèves reçus attendent à Longvic qu'une demande de l'Inspection générale des Écoles d'aviation prescrivant l'envoi d'élèves dans une des écoles de pilotage permette

Fig. 10. — Le stade athlétique de l'École de Longvic.

leur départ. En attendant, ils peuvent compléter leur instruction théorique tout en faisant de la culture physique.

Le stade athlétique.

La culture physique tient, en effet, une large place dans l'emploi du temps de l'École. Pour la plupart, les élèves arrivent du front mal préparés à suivre des cours. Pour leur permettre de les écouter sans trop de fatigue, un véritable stade a été organisé par des instructeurs de Joinville. Les sports de l'*Athlète complet* courses, sauts, etc. , y sont obligatoirement pratiqués concurremment avec la boxe, l'escrime, les agrès, la voltige à cheval, etc. Ces exercices, en même temps qu'ils permettent aux élèves de se détendre entre les cours, leur donnent une souplesse et un esprit de décision qui leur seront précieux pour leur futur apprentissage de pilote (fig. 10-11).

Le choix de l'appareil d'école.

Les affectations en école se font d'après les notes.

Les élèves les mieux notés ont la priorité sur les autres et sont envoyés dans l'école de leur choix, dans la mesure des places disponibles. Un certain nombre d'entre eux ont le tort de s'informer de l'agrément plus ou moins grand des diverses écoles, plutôt que du type d'avion qui y est employé. Du choix de celui-ci dépend, cependant, dans une large mesure, la carrière du futur aviateur.

En effet, bien que le pilote breveté sur Farman ou Voisin, qui s'est montré particulièrement brillant, puisse obtenir son perfectionnement sur avion de chasse, il n'en est pas moins vrai que ce perfectionnement lui sera plus difficile qu'à un autre et que, normalement, le pilote de Voisin est

Fig. 11. — Le stade athlétique de l'École de Longvic.

Fig. 12. — Biplan Maurice Farman.

Fig. 13. — Biplan Voisin.

destiné à faire du bombardement, le pilote de Farman du réglage d'artillerie et le pilote de Nieuport de la chasse.

Actuellement, le meilleur appareil d'école est le Caudron. La presque totalité des appareils d'escadrille ont le moteur à l'avant. Les pilotes brevetés sur Farman ou sur Voisin doivent donc faire ensuite un stage assez long et assez délicat dans une école de perfectionnement. Le temps gagné par l'apprentissage sur Farman — *lequel est incontestablement le plus facile* — est donc perdu, et au-delà, par le temps passé dans une école de pilotes-élèves. Il faut compter une moyenne de quarante journées de vols pour être breveté sur Farman, c'est-à-dire une dizaine de moins que sur Caudron ou sur Voisin et une vingtaine de moins que sur Nieuport. De plus, le Caudron est d'un pilotage presqu'aussi facile que le Voisin. Il a, sur ce dernier, l'avantage de pardonner presque toutes les fautes et d'être, par conséquent, moins dangereux.

Quant à l'apprentissage sur Nieuport, celui-ci ne doit être conseillé qu'aux sujets ayant des dispositions particulières ou ayant déjà *effectivement* fait du pilotage. Nombre de soi-disant pilotes du temps de paix n'ont même pas le brevet de l'Aéro-Club et se croient aviateurs parce qu'ils sont montés une fois ou deux comme passagers !)

CHAPITRE IV

L'ÉCOLE DE PILOTAGE

L'apprentissage du *Pilotage des aéroplanes* ayant été expliqué d'une façon parfaite dans le manuel de Maurice Gallier [1], nous nous contenterons de donner ici, en les commentant, les directives *officielles* de cet apprentissage qui comprend cinq classes :

1° Classe des rouleurs ;
2° Classe des vols en double commande ;
3° Classe des vols seuls ;
4° Classe d'entraînement ;
5° Classe des brevets.

Le rouleur.

Le rouleur, ou « Pingouin », est un avion dont on a tronqué les ailes et diminué la puissance du moteur pour l'empêcher de décoller. Il est destiné à apprendre à l'élève-pilote à conduire un appareil au sol, en direction et en ligne de vol, et à acquérir les réflexes correspondants.

L'élève pilote ne doit quitter la classe des rouleurs que lorsqu'il sait parfaitement rouler en ligne droite, son avion étant rigoureusement en ligne de vol. L'instruction sur

[1] Le *Pilotage des aéroplanes* (2° édition). Librairie aéronautique, 40, rue de Seine.

Fig. 14. — Biplan Caudron G₉.

Fig. 15. — Biplan Nieuport.

rouleur doit être reprise au cours de toute l'instruction, chaque fois que l'insuffisance de l'élève est constatée.

Le rouleur Blériot suffit dans les écoles de pilotage d'avions Farman, Voisin ou Caudron. Aux écoles employant des avions à fuselage Nieuport il faut, en outre, un rouleur plus difficile Morane.

Fig. 16. — Monoplan Blériot.

On ne gagne pas de temps en supprimant la classe du rouleur, puisque, ensuite les élèves brevetés doivent, pour la plupart, faire un stage au rouleur avant de changer d'appareil. Il en est notamment ainsi pour le Nieuport avec lequel, quand on sait bien rouler, on sait déjà presque voler.

Par contre, on perd un matériel considérable. Beaucoup d'avions sont en effet brisés en roulant au sol, chose qui serait beaucoup plus rare si les élèves pilotes, même dans les écoles Voisin et Farman faisaient tous un apprentissage préalable sur « Pingouin ».

Fig. 17. — Monocoque Morane-Saulnier.

Fig. 18. — Biplan Sopwith.

Les vols en double commande.

Il ne semble pas douteux qu'un pilote qui, progressivement, a appris à voler seul sur monoplan Blériot sera supérieur à un autre formé en double commande, et qu'il pilotera plus facilement tous les autres appareils.

Cependant, les nécessités de l'heure actuelle obligent à rechercher une formation rapide des pilotes, formation rapide que seule la double commande permet d'obtenir. En outre, l'apprentissage sur Blériot étant plus difficile, forcerait à éliminer un certain nombre d'élèves qui feraient des pilotes très suffisants en double commande.

Les vols ainsi pratiqués et qui durent de cinq à dix minutes chacun, ont pour but d'apprendre aux élèves pilotes tout ce qui leur est nécessaire pour voler seuls.

Après quelques tours comme passager, l'élève, familiarisé avec l'air, est autorisé à toucher aux commandes spéciales qu'il a à sa disposition et qui sont rendues solidaires de celles de son moniteur de telle façon que celui-ci puisse agir plus vigoureusement que son élève : sandows, leviers de longueurs différentes, etc. (fig. 19).

> **En vol, ne croisez jamais vos commandes :**
> Palonnier à droite, manche à balai à gauche.

Progressivement, l'action du moniteur diminue, d'abord en plein vol, ensuite au décollage et à l'atterrissage. Enfin, les derniers tours de double commande sont faits entièrement par l'élève, le moniteur restant à la fois contrôleur et garant.

Le rendement des vols sur double commande est très variable ; s'il dépend évidemment de l'avion et de l'élève pilote, il dépend principalement de la qualité du moniteur. Celui-ci doit avoir, à la fois, une prudence et une hardiesse

Fig. 19. — Double commande montée sur avion Voisin.

suffisantes pour laisser *progressivement* manœuvrer seul son élève et le mettre en confiance. L'élève d'un vieux moniteur sachant parfaitement donner la leçon, a évidemment de plus grandes chances d'être rapidement breveté que l'élève d'un jeune moniteur imprudent ou peureux, qui lui laissera insuffisamment le maniement des commandes et ne le déclarera pas moins « bon à être lâché seul » prématurément. Les accidents survenus de ce fait ont obligé l'Inspection générale des écoles d'aviation à interdire qu'aucun pilote ne soit conservé comme moniteur avant un stage en escadrille ou dans une école de perfectionnement. Sans compter l'insuffisance de maîtrise qui en résultait, les moniteurs ainsi affectés manquaient en outre de l'ascendant moral nécessaire, lorsqu'ils cessaient ainsi, du jour au lendemain, d'être élèves pour devenir instructeurs de leurs camarades de la veille.

| Réfléchissez avant de manœuvrer. On a toujours le temps de se rattraper. |

Au début de l'instruction, le nombre des vols en double commande est de deux par demi-journée ; à la fin il peut être porté à cinq. Ce chiffre ne doit, en aucun cas, être dépassé : au delà le travail utile est nul pour l'élève.

| Observez strictement la discipline de piste. |

En principe, tous doivent faire le même nombre de tours. Pousser les uns au détriment des autres, qui perdent l'habitude — et le goût — de voler, est un procédé déplorable.

La radiation

Si le moniteur juge que son élève n'a pas les aptitudes suffisantes pour faire un pilote, il peut le proposer pour

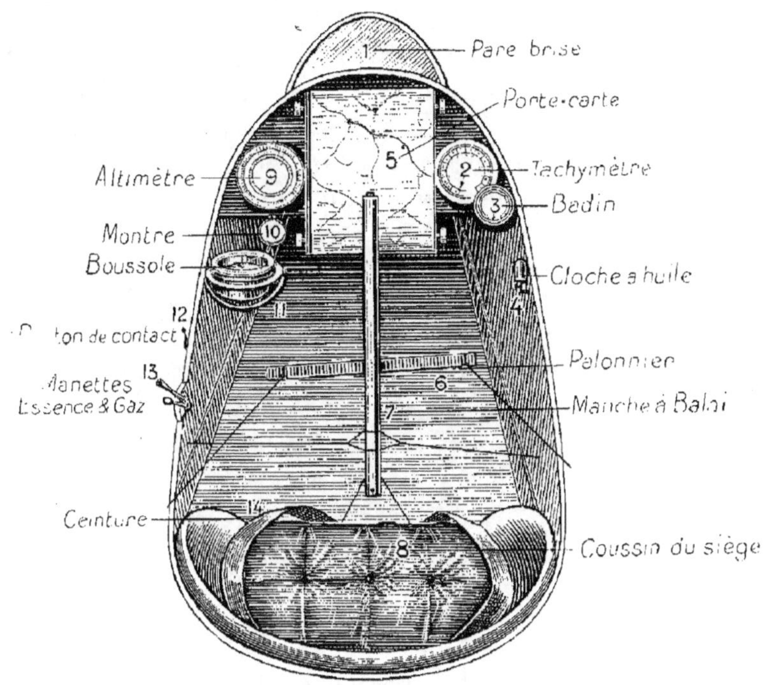

Fig. 20. — Habitacle du pilote.

1. PARE-BRISE. — Le tenir toujours transparent.
2. TACHYMÈTRE. — Mieux vaut l'enlever, s'il est détraqué.
3. INDICATEUR DE VITESSE BADIN. — Doit indiquer une vitesse légèrement supérieure à la vitesse minimum.
4. CLOCHE A HUILE. — Mieux encore que le compte-tours, indique par le nombre des pulsations le régime du moteur.
5. PORTE-CARTE. — L'assujettir solidement. Tenir le mica transparent.
6. PALONNIER. — Commande le gouvernail de direction.
7. MANCHE A BALAI. — Commande le gouvernail de profondeur et le gauchissement.
8. COUSSIN DE SIÈGE. — S'assurer qu'il ne glisse pas.
9. ALTIMÈTRE. — Donne une indication *approximative* par rapport au point pour lequel on l'a réglé.
10. MONTRE. — Absolument indispensable. Seule elle peut indiquer la vitesse par rapport au sol.
11. BOUSSOLE. — Donne une indication sur l'orientation de l'axe de l'avion, mais rarement — à cause du vent latéral — une indication exacte sur la route à suivre.
12. BOUTON DE CONTACT. — Avant d'atterrir en campagne : coupez le contact.
13. MANETTES. — Ne doivent jamais être ouvertes en grand : un moteur se conduit au régime ralenti.
14. CEINTURE. — Se détacher, avant d'atterrir, avec un avion à moteur *arrière*, afin de ne pas être pris dessous en cas de capotage.

la radiation. Celui-ci est alors en droit de demander à être affecté à un autre moniteur qui devra lui faire faire au moins une dizaine de tours avant de le déclarer inapte au pilotage. Dans ce dernier cas, l'élève aura encore la possibilité de devenir observateur, mitrailleur ou bombardier.

La radiation peut toujours être prononcée contre un aviateur, même au front, soit pour casse excessive d'appareils, soit pour raison disciplinaire, soit encore pour manque de « cran ». Dans ces deux derniers cas, il est naturellement renvoyé dans son arme d'origine, ou même dans l'infanterie.

Les vols seuls.

Avant d'être lâché sur son avion, l'élève pilote doit connaître la conduite de son appareil, de son moteur et l'utilisation des instruments de bord. Son instruction technique sur ces points doit donc être terminée à ce moment.

Il y a intérêt à ne lâcher un élève qu'à coup sûr et avec l'avion sur lequel il vient de faire son dernier vol en double commande. A l'appréhension inhérente du lâchage ne doit pas en effet s'ajouter la difficulté qui résulte forcément du passage sur un appareil différent. Si le moniteur craint que l'élève pilote lâché seul brise son avion à double commande et qu'il n'en ait qu'un, un certain nombre de ceux-ci peuvent, dans chaque école, être affectés aux lâchages, avions sur lesquels un moniteur essayeur fera tourner plusieurs fois les élèves afin de les y accoutumer avant de les lâcher seuls.

Avant chaque départ, l'élève doit essayer son moteur et par suite vérifier la position de ses manettes pour la marche normale et pour le ralenti. Ce n'est que lorsqu'il a constaté que son moteur donne tant en l'écoutant qu'en consultant le compte-tours qui doit toujours bien fonctionner — fait confirmé par son moniteur — que ce dernier lui donne le signal du départ, avant lequel il ne doit, sous aucun prétexte, prendre l'air.

Départ. — En tirant *progressivement* sur les manettes, l'élève pilote amène peu à peu son moteur au régime normal, cependant qu'il pousse sur la commande de profondeur (sauf dans le Voisin) pour amener son avion en « ligne de vol ». Il doit prendre un point de direction pour assurer son départ en ligne droite et corriger au pied les déviations qui se produisent. Ces corrections sont d'autant plus grandes que la vitesse de l'avion est moindre. Il doit maintenir son avion en « ligne de vol », ce qui lui évitera les départs avec excès de vitesse (danger de capotage au départ) ou en perte de vitesse (danger de chute à la première inclinaison).

Avant de décoller,
essayez sur cales votre
moteur.

Vol. — L'avion, ayant décollé, monte autant que possible en ligne droite et sans cabrer jusqu'à une altitude minima de 100 mètres avant de virer.

Les mouvements du gouvernail de direction et du gauchissement doivent toujours être conjugués, l'un ou l'autre prédominant suivant le cas, mais jamais séparés. Dans aucun cas, les commandes ne doivent être contrariées.

(*Au sol*, au contraire, pour tourner à droite, par exemple, on met le palonnier *à droite* et le manche à balai *à gauche*.)

Pour la descente, le moteur est mis au relenti ou même arrêté en poussant sur les manettes, et l'avion incliné de façon à obtenir une vitesse de descente normale.

La consultation d'un indicateur de vitesse (Elévé ou Badin) sera précieuse pour la détermination des vitesses de l'avion en montée, en descente, en vol horizontal, etc. même sur le Voisin, — qui a une stabilité longitudinale presque automatique. Il ne semble pas que sur cet appareil un « Badin » puisse, comme on l'a prétendu, faire faire des « montagnes russes ». Par contre, son emploi aurait vraisemblablement épargné nombre d'accidents survenus par suite de perte de vitesse.

Pas de virage
au-dessous de 100 mètres.

D'ailleurs, si l'emploi de l'indicateur de vitesse semble nécessaire pour former à la fois rapidement et *sûrement* de bons pilotes, il ne semble pas moins utile d'apprendre à ceux-ci à s'en passer, en le leur retirant de temps en temps.

Atterrissage. — L'élève pilote doit être habitué à atterrir toujours sur une bande de terrain ou sur un cercle déterminé, et non au hasard sur la piste.

Lorsque l'élève pilote est sûr d'avoir son terrain, il coupe son moteur ou le met à l'extrême ralenti, suivant le cas, et se prépare à atterrir.

L'atterrissage comprend quatre phases bien distinctes :

1° Fin de la descente normale ;

2° Diminution de la vitesse de chute, laquelle permet de voir venir le sol doucement et d'apprécier la distance qui en sépare ;

3° Vol horizontal près du sol afin de perdre sa vitesse ;

4° Pose de l'appareil au sol lorsque la vitesse va atteindre la vitesse minima de sustentation (fig. 21).

Dans cette fin d'atterrissage, on ne doit jamais rendre la main. C'est ce qu'on appelle « refuser le sol à son avion ».

L'élève pilote doit être entraîné à descendre suivant une pente toujours la même. Piquer avec excès ou se mettre à plat pour avoir son terrain sont des manœuvres dangereuses. Si l'élève craint de le manquer, il doit, sans hésiter, remettre les gaz et faire un autre tour de piste. Même recommandation si la piste est encombrée.

Les premiers vols seuls constituent la base de l'instruction du pilote ; c'est la partie la plus importante de l'entraînement et elle ne doit, en aucun cas, être hâtée.

Au début d'une séance d'instruction, les appareils doivent toujours être essayés par les moniteurs. Pendant toute la durée du vol, l'élève doit être suivi de l'œil par un moniteur et la critique faite, à chaque atterrissage, devant toute la classe. L'avion doit être examiné après chaque vol.

Il faut affecter à cette classe les meilleurs moniteurs. Le nombre de tours de piste qui, au début, doit être de deux ou trois par demi-journée. ne doit pas excéder cinq tours à la fin de cette classe. Le nombre de tours consécutifs ne doit pas excéder deux.

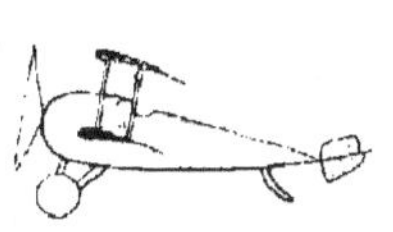

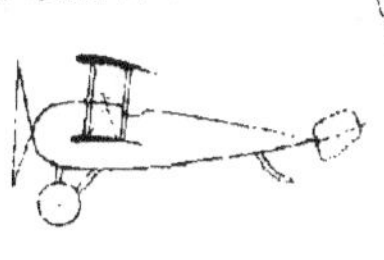

Fig. 21.

Les phases successives d'un atterrissage.

La classe d'entraînement.

Le but de cette classe est de perfectionner l'élève pilote et de terminer son instruction, qui est vérifiée par les épreuves du Brevet militaire.

L'instruction doit être très progressive : les tours de piste sont faits de plus en plus hauts, les virages de plus en plus serrés. La progression en hauteur se fait par bonds de 500 mètres au maximum, et en durée par laps de temps de 10 minutes au plus.

> **Si le terrain vous paraît encombré, refaites un tour de piste.**

On aborde ensuite les épingles à cheveux et les spirales, moteur à l'extrême ralenti ou moteur éteint. Les petits voyages de 10 à 15 kilomètres au-dessus de la campagne sont alors entrepris.

L'instruction à terre de la lecture de la carte, de l'orientation, etc... doit être terminée, car elle est vérifiée au cours de petits voyages qui comprennent, soit de préférence un atterrissage avec rapport de documents, soit le jet d'un message lesté en un point déterminé, soit tout autre moyen de vérification du passage au-dessus d'un point fixé.

Un élève ne doit entreprendre les petits voyages que si ses connaissances sont jugées suffisantes. Une altitude minima devra être fixée par les chefs de pilotage suivant les régions survolées.

> **Ne partez jamais avant qu'on vous ait donné le signal.**

Le nombre des épingles à cheveux, spirales, petits voyages, ne doit pas excéder deux ou trois par demi-journée.

En fin d'entraînement, les élèves pilotes doivent pouvoir

voler dans une atmosphère agitée, soit par la chaleur, soit par le vent.

Le brevet de l'Aéro-Club.

Le Brevet militaire, dont nous exposerons plus loin les conditions en détail, est la constatation officielle de l'instruction du pilote. Celui de l'Aéro-Club ne se passe plus guère aujourd'hui, toutes les écoles civiles d'aviation ayant été fermées depuis la guerre.

Les pilotes brevetés militaires peuvent le demander à l'Aéro-Club (35, rue François-Ier, Paris) qui le leur délivrera, par équivalence, sur simple demande.

Les épreuves de ce brevet consistent :

1° A franchir, en vol, une ligne de départ fixée d'avance et à effectuer une série de 5 « huit » autour de deux pylônes distants de 500 mètres ; il faut ensuite venir se poser dans un cercle de 100 mètres de diamètre (le moteur doit être éteint au plus tard au moment où l'on touche le sol) ;

2° A effectuer ensuite un nouveau départ avec série de 5 « huit » et atterrissage dans le cercle ;

3° A monter à 100 mètres.

L'école de perfectionnement.

Bien que les épreuves du Brevet militaire soient infiniment plus sévères que celles de l'Aéro-Club, aucun pilote, après les avoir passées, n'est encore capable de piloter un appareil d'escadrille. Tous sont envoyés dans une école de perfectionnement pour y faire un stage de plusieurs semaines.

Les pilotes de Voisin devront commencer par perdre l'habitude de tirer sur le levier de profondeur au départ et y prendre celle de le manœuvrer en plein vol. Ils devront également s'accoutumer au moteur-avant, ainsi que les pilotes de Farman. Ceux-ci devront, de leur côté, s'habituer à se servir d'un manche à balai au lieu de ciseaux et d'un palonnier au lieu de pédales.

Certains pilotes auront à faire l'apprentissage de la conduite d'un bi-moteur ; d'autres des vols acrobatiques ; d'autres enfin des vols de nuit. Tous devront s'habituer à la vitesse des avions de guerre, qui est notablement supérieure à celle des avions d'école.

Ce perfectionnement se poursuivra dans un des groupes divisionnaires d'entraînement (G. D. E.), où ils seront envoyés, en attendant leur départ en escadrille.

> Laissez à vos moniteurs le soin d' « expliquer le coup ».

Les Épreuves du Brevet Militaire

CHAPITRE PREMIER

DÉTAIL DES ÉPREUVES

Les épreuves du Brevet militaire de pilote aviateur comprennent :

1° Une descente en spirale de 500 mètres, moteur arrêté ;

2° Une épreuve de hauteur, constituée par une heure à 2.000 mètres au minimum. Cette épreuve pourra être exécutée au cours de l'un des voyages de 200 ou de 150 kilomètres ou remplacée par deux montées à 2.000 mètres, indépendamment des voyages exécutés séparément, avec l'obligation de rester, lors de l'accomplissement de chacune d'elles, pendant 10 minutes, à l'altitude minima de 2.000 mètres.

Il est prudent, pour l'élève qui veut faire son heure à 2.000 au cours d'un de ses triangles, que ce soit à la fin de celui-ci, pour ne pas risquer de le voir interrompre par une panne pouvant survenir pendant qu'il s'est attardé en cours de route à faire son épreuve d'altitude :

3° Deux voyages de 60 kilomètres (minimum) aller et retour, avec atterrissages en terrains divers à effectuer chacun, ou tous les deux, entre le lever et le coucher du soleil ;

4° Deux voyages triangulaires différents, de 200 kilomètres, à effectuer *chacun*, en deux journées consécutives au plus, avec atterrissage facultatif intermédiaire à l'un d'entre eux.

Il est à recommander d'effectuer ceux-ci dans le sens où le vent sera le plus favorable, en tenant compte de sa vitesse, qui est maximum au milieu du jour, et de la longueur respective des côtés du triangle.

L'un de ces voyages pourra être remplacé par une ligne droite de 150 kilomètres à effectuer sans escale.

Les itinéraires doivent être choisis de manière à éviter des repères trop faciles n'exigeant ni connaissances topographiques, ni efforts du pilote ;

5° Un minimum constaté de 25 heures de vol (durée des épreuves du brevet comprise) ;

6° Un minimum constaté de 50 atterrissages seul ;

7° Un examen théorique sur l'avion et le moteur (théorique et pratique), instruments de bord (boussole), géographie du théâtre des opérations, carte, météorologie (cartes et utilisations).

Si le moteur cale après le décollage, posez-vous droit devant vous.

CHAPITRE II

L'ÉPREUVE DE VOL PLANÉ

La nécessité de cette épreuve est évidente :

Un pilote incapable d'atterrir où il veut en vol plané court des risques considérables, dès l'instant où il quitte l'aérodrome, la panne de moteur étant toujours à craindre. Un élève ne devrait donc pas, comme le cas se produit trop fréquemment, arriver à la veille de ses voyages pour s'entraîner à atterrir sans moteur à un endroit déterminé.

Le nombre des accidents survenus au cours des voyages du B. M. serait considérablement diminué si les élèves pilotes ne partaient pas sans avoir effectué de nombreux atterrissages avec leur moteur arrêté à différentes altitudes, et par des vents de vitesses différentes. Cet entraînement qui nécessite presque forcément l'installation d'une piste spéciale, devrait être obligatoire dans toutes les écoles. Ce n'est pas, en effet, quand l'élève a fini ses voyages qu'il faut lui apprendre à atterrir sans moteur, c'est avant; et c'est commettre une imprudence coupable que de l'envoyer sur la campagne après une seule épreuve de vol plané, réussie souvent grâce aux indications données par des camarades sur l'endroit où il faut se mettre en descente et celui où il faut virer, indications qui ne sont naturellement d'aucune utilité sur la campagne où les points de repère ne sont plus les mêmes. Ce qu'il faut avoir c'est le coup d'œil qui ne s'acquiert que par un entraînement répété.

On tolère, avec raison, dans les écoles, que l'élève n'arrête pas son moteur, mais le mette seulement à l'extrême ralenti. Il pourra ainsi atterrir sur la piste s'il *est trop court* en remettant les gaz, et repartir au besoin, s'il *est trop long* ou si celle-ci est trop encombrée. Il ne devra jamais hésiter à prendre cette décision : remettre les gaz. Le diagramme du barographe indiquant cette admission des gaz (la ligne de descente ne sera plus régulière), il sera facile au moniteur de s'en rendre compte et de faire recommencer l'épreuve.

L'épingle à cheveux.

La spirale étant souvent remplacée par un seul virage en vol plané (épingle à cheveux) qui répond aux mêmes besoins (atterrir sans moteur à un endroit donné) nous

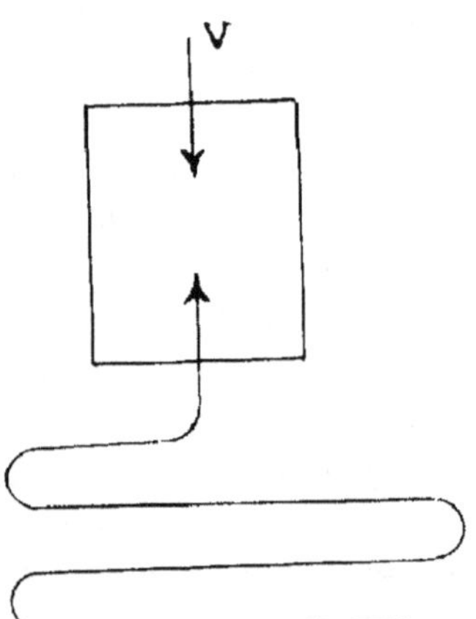

Fig. 22. — Atterrissage au point.
V. Direction du vent

donnerons d'abord quelques indications pour celle-ci, indications également valables pour celle-là, une spirale étant, à peu de chose près, constituée par des « épingles » à cheveux » successives.

Le pilote étant à plus de 500 mètres au-dessus de l'aérodrome avec le vent dans le dos, doit mettre son moteur à *l'extrême* ralenti et descendre sans changer de direction jusqu'au moment où il jugera avoir suffisamment dépassé le point où il désire se poser ; il fera alors un demi-tour pendant lequel il piquera naturellement davantage (puisque l'inclinaison donnée à un avion lui fait perdre de la vitesse) ;

> **Pour l'atterrissage en vol plané, soyez toujours trop long et faites des S.**

il atterrira enfin, sans remettre de moteur, à l'endroit désigné. Il faut, pour cela, tenir compte de la violence du vent pour faire, après s'être mis à la descente, le demi-tour en question plus ou moins tôt : il est évident que par un vent debout de 15 mètres à la seconde, l'appareil parcourra un espace infiniment moindre pour atteindre le sol que par un vent de deux mètres.

Il faut toujours être trop long, surtout par grand vent. Vous pourrez, en effet, en faisant des S, perdre de la hauteur avant d'arriver sur votre terrain et l'atteindre. Vous aurez également la ressource de piquer davantage (moyen moins recommandable, puisqu'il force à atterrir vite — ce qu'il faut éviter, afin de ne pas contracter l'habitude, déplorable pour les atterrissages en campagne). Si vous êtes trop court, au contraire, le seul remède sera de « tirer » sur votre appareil pour prolonger votre plané ; remède qui est pire que le mal, car vous risquez ainsi la perte de vitesse et la glissade.

La spirale.

Si le moniteur exige que l'élève fasse une spirale complète, celle-ci peut, en tous cas, être aussi large qu'il voudra. Elle ne doit, pour être bien régulière, comprendre aucune ligne droite mais être constituée par un unique virage fait en descendant. Si l'on gauchit insuffisamment, l'avion dérapera vers l'extérieur du dit virage qui, se faisant à plat, ne pourra alors être que très large. Si l'on gauchit trop au contraire, l'avion glissera vers l'intérieur

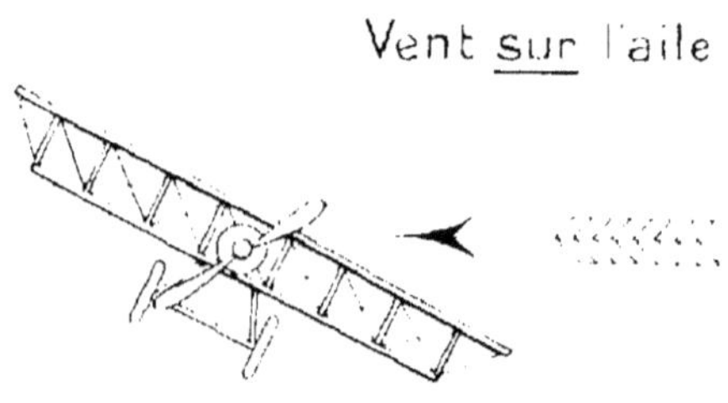

Fig. 23.
Influence du vent dans une spirale.

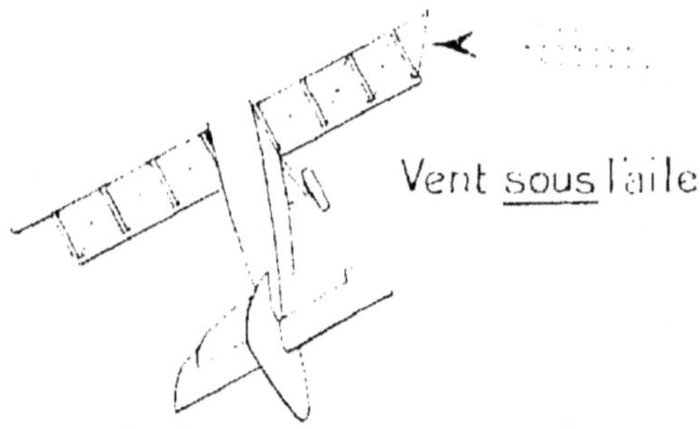

L'avion virant vent sur l'aile peut être assez fortement incliné.
L'avion virant vent sous l'aile a tendance à glisser vers l'intérieur du virage,
si le pilote a gauchi avec excès.

du virage, ce qui est infiniment plus dangereux. On est prévenu par la gifle d'air que l'on reçoit du côté où l'on glisse; l'indicateur de vitesse Etévé, étant monté de façon à former girouette, renseigne également à cet égard par l'orientation oblique qu'il prend alors par rapport à l'axe de l'avion. Il n'y a, dans ce cas, qu'une manœuvre à faire : ralentir ou éteindre son moteur et « piquer dans le trou », c'est-à-dire piquer en mettant le palonnier et le manche à balai *du côté où se produit la glissade.*

On doit se préoccuper de la direction du vent pendant la spirale. Il faut, en effet, quand on est face au vent, incliner moins fortement son avion pour se mettre vent arrière que pour faire la manœuvre inverse. Dans le premier cas, le virage se fait vent *sous l'aile*, ce qui le facilitera mais favorisera la glissade ; dans le deuxième cas, l'avion aura plus de mal à virer mais pourra sans danger être fortement incliné, car, ayant le vent *sur l'aile*, il glissera plus difficilement (fig. 23).

Le vent a encore une conséquence qu'il faut s'habituer à corriger, c'est le déportage qui tantôt éloigne, tantôt rapproche de l'axe de la spirale constitué par une verticale qui s'élèverait au point où l'on doit atterrir.

Il est bon, au début, de ne pas regarder constamment l'aile extérieure pour éviter le vertige, et pour éviter l' « entournement » (le terrain semble tourner dans tous les sens), de ne faire une spirale serrée qu'après en avoir réussi beaucoup d'autres, de moins en moins larges.

On serre la spirale — comme un virage — en tirant sur le manche. La spirale peut alors dégénérer en vrille, que l'on arrête en général assez rapidement en mettant toutes les commandes au milieu, après avoir coupé le moteur, et en rendant légèrement la main.

La faute généralement commise par les élèves consiste à ne pas tourner suffisamment au début de leur spirale et à la finir en arrivant au sol. Or, une règle immuable en aviation est que : *Tout atterrissage* (ou tout décollage) *doit être précédé* (ou suivi) *d'une descente* (ou d'une montée , *en ligne droite, face au vent, d'au moins 100 mètres.*

Si vous glissez, piquez

dans le trou.

CHAPITRE III

L'ÉPREUVE D'ALTITUDE

Son utilité.

Par expérience personnelle, nous avons pu nous rendre compte que, bien qu'ayant supporté sans le moindre trouble de hautes altitudes, un pilote peut fort bien perdre connaissance à la suite d'une descente à la verticale. L'épreuve de hauteur telle qu'on l'accomplit c'est-à-dire sans limitation du temps de descente, ne saurait donc avoir une valeur absolue au point de vue médical. Elle serait utilement complétée par une ascension de l'élève à 4.000 ou 5.000 mètres, comme passager, à bord d'un appareil comme le Spad montant vite et pouvant descendre à la verticale, ascension et descente exécutées aussi rapidement que possible et suivies d'une visite médicale.

Il est prudent pour un élève de descendre de 2.000 mètres lentement et en s'arrêtant au besoin pour faire des paliers en ligne de vol, s'il éprouve quelques malaises : bourdonnement d'oreilles, lourdeur de tête, etc... Ces paliers auront encore l'avantage de réchauffer le moteur et de permettre sa reprise plus facile avant l'atterrissage. Il est aussi à recommander de faire alors quelques tours de terrain à 200 ou 300 mètres, qui permettront d'en opérer une reconnaissance qui n'est jamais inutile, et de se remettre de la fatigue inhérente, pour un débutant, à l'épreuve d'altitude.

Celle-ci devra, autant que possible, précéder les voyages et être effectuée sur le même appareil. L'élève pourra ainsi essayer ce dernier et en faire modifier le réglage, le cas échéant. Il pourra également observer quels aspects et quelles dimensions présentent les terrains et les points de

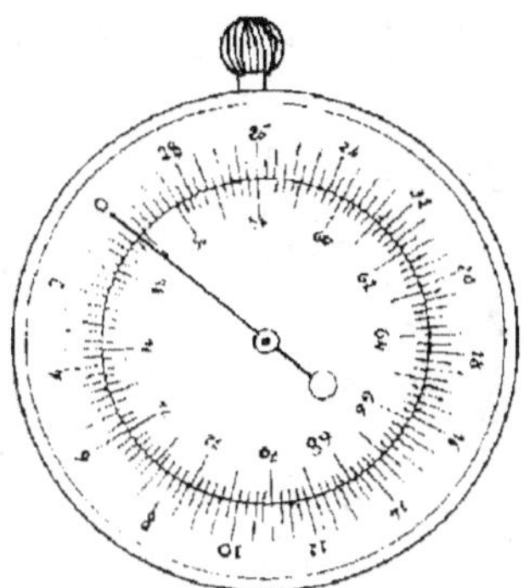

Fig. 24. — Altimètre.

repère (routes, cours d'eau, etc...) vus à différentes hauteurs et s'habituer à évaluer à quelle altitude il se trouve sans regarder son altimètre, en prévision de ses voyages futurs. Il se rendra compte également qu'à une certaine hauteur le champ d'observation est excessivement vaste et que des villages assez éloignés, qu'il croyait pouvoir découvrir en regardant devant lui, sont cachés par son appareil (observation dont il aura à se souvenir pendant ses voyages). Certains élèves s'égarent parce qu'ils cherchent en vain un point de repère au loin, alors qu'ils l'apercevraient en regardant en dessous.

Les nuages.

Il faut toujours rester à proximité du terrain afin de pouvoir y atterrir en cas de panne. Si les nuages s'amoncellent au-dessous de vous, n'attendez pas que le sol soit entièrement caché pour redescendre. Si un banc de nuages vous masque le terrain pendant un certain temps et que vous craigniez de vous égarer, fixez les yeux sur votre boussole, mettez *rigoureusement* votre appareil dans la même orientation qu'au décollage c'est-à-dire face au vent pendant cinq minutes, puis faites demi-tour et mettez-vous *rigoureusement* vent dans le dos pendant un laps de temps légèrement moindre selon sa violence. Répétez ces petits allers et retours tant que les nuages ne seront pas dissipés : vous vous trouverez alors sensiblement au même point qu'au moment où vous les aurez commencés, alors que la dérive vous aurait porté au loin et égaré, si les allers et retours ici prescrits avaient été effectués par vent de côté.

> On n'est pas pris par les nuages, on les prend.

Le froid.

La température décroît avec l'altitude, par suite, notamment, de la raréfaction de l'air. Cette diminution n'est d'ailleurs pas régulière et l'on rencontre parfois, le matin, vers 400 ou 500 mètres, une zone où il fait plus chaud qu'à proximité du sol. D'une façon générale, on peut dire que la décroissance est d'environ 1° par 170 mètres. Si le thermomètre marque 5° au départ, le pilote trouvera donc à 2.000 un froid de — 16°. Celui-ci ne se fera guère sentir au cours d'un palier de 10 minutes à cette altitude, mais pour un palier d'une heure, un aviateur ne faisant guère plus de mouvements dans sa carlingue qu'un employé de bureau devant sa table toutes proportions gardées, il est bon qu'il se couvre, surtout s'il pilote un appareil avec hélice à l'avant, le vent étant, en ce cas, considérable.

Le papier, qui est le meilleur préservatif contre le froid, permet de conserver la chaleur mais n'en donne pas. Il faut donc se chauffer d'abord, avant de monter à 2.000 mètres, puis mettre ensuite, *en évitant d'être serré*, des gants, des chaussettes, des genouillères et un plastron en papier. Les parties du corps les plus vulnérables au froid seront ainsi à l'abri. Il est préférable de ne mettre les chaussons fourrés qu'après être monté dans la carlingue, afin de garder toujours ceux-ci absolument secs, et d'enlever auparavant ses chaussures que l'on mettra dans le coffre, pour le cas de panne en dehors de l'aérodrome. Si, par surcroît de précaution, vous mettez une combinaison fourrée, vous pourrez partir sans crainte de voir la rapidité de vos réflexes diminuée par l'engourdissement. La combinaison est plus pratique que la peau de chèvre dont les poils s'envolent toujours plus ou moins et peuvent venir dans les yeux. Elle apporte, en outre, une certaine gêne dans les mouvements.

Se méfier enfin des corps gras dont on pourrait être tenté de s'enduire le visage et sur lequel ils formeraient couche glacée.

La chaleur.

La chaleur, en dilatant l'air, le rend moins porteur. L'épreuve d'altitude pourra donc être un peu plus longue à effectuer en été, au milieu de la journée. Il arrive également que les élèves partis le matin par air calme, « encaissent » en descendant, de violents « coups de tabac ».

> **Faites recoudre les boutons de votre casque.**

Ceux-ci sont dus aux différences de température des colonnes d'air voisines : une colonne située au-dessus d'un terrain sec, comme un chaume, lequel reflète la chaleur, sera plus chaude que celle qui sera située au-dessus d'un étang, qui en absorbera une grande partie. La première sera animée d'un mouvement ascendant, l'autre d'un mouvement descendant. Si même cette dernière est assez étendue, ce n'est plus seulement une partie de l'avion qui baissera, mais celui-ci tout entier, — donnant alors à son pilote l'impression de tomber dans un trou d'air.

Les remous, pour désagréables qu'ils soient, ne sont cependant pas dangereux, si le pilote garde son calme et ne les corrige pas avec exagération. L'appareil tend d'ailleurs toujours à se rétablir de lui-même, et les « coups de tabac » cessent à proximité immédiate du sol, c'est-à-dire au moment critique : l'atterrissage.

La pluie, la grêle et la neige

Quel que soit l'appareil que l'on pilote, il est prudent, quand on part pour un certain temps, de mettre sur la visière de son casque les lunettes solidement assujetties, que l'on rabattra en cas de pluie. Afin que la pluie ne les brouille pas, il est bon de les glycériner légèrement ; sinon, on peut étendre les gouttes d'eau avec le revers du doigt. Les lunettes de verre sont plus claires que les lunettes de mica, qui se rayent et même se cassent facilement, si on n'a pas le soin de les mettre, après chaque vol, dans une boîte rigide. Les lunettes de verre ont, par contre, l'inconvénient d'être généralement montées avec des côtés en tissu opaque formant œillères et limitant le champ visuel. Comme elles peuvent se casser en cas de capotage, il faut prendre l'habitude de les relever sur le casque avant d'atterrir.

> **En plein vol,**
> ne faites pas tourner votre
> moteur à plein régime.

La grêle est encore plus désagréable que la pluie pour le pilote qui n'a pas de lunettes. De plus, les grêlons pouvant casser l'hélice, il est prudent d'atterrir quand il grêle abondamment.

La neige, en s'accumulant sur les ailes de l'avion, particulièrement au bas des mâts, peut amener un alourdissement de l'appareil, qui

> **Que rien ne puisse tomber dans votre hélice.**

aura tendance à s'enfoncer au moment où on le redressera pour atterrir. Quand le terrain est couvert de neige, il faut aussi, lors de l'atterrissage, se méfier des obstacles qu'elle peut cacher et de la difficulté que présente alors l'évaluation exacte de l'altitude à laquelle on se trouve.

La nourriture.

Ne jamais partir à jeun pour une épreuve d'altitude, et à plus forte raison pour un voyage. Bien que les aviateurs ayant mal au cœur par mauvais temps soient assez rares, surtout parmi les pilotes, il vaut mieux, pour un élève, ne pas s'embarquer en pleine digestion d'un repas copieux. Le mieux est de prendre une légère collation et d'emporter sur soi du chocolat que l'on mangera quand on se sentira fatigué.

Le moteur.

Le bruit du moteur est une cause de fatigue considérable pour le débutant, surtout dans les appareils où le moteur est à l'arrière. On peut l'atténuer en mettant un peu de coton dans les oreilles et éviter ainsi l'illusion d'entendre, au bout d'un certain temps, des bruits insolites, illusion facilement dissipée d'ailleurs, par consultation du compte-tours (fig. 25).

Celui-ci permettra également une conduite rationnelle du moteur, qui au-dessus de 500 ou 300 mètres doit être mis à un régime légèrement ralenti même pour une épreuve d'altitude et à plus forte raison, pour un voyage.

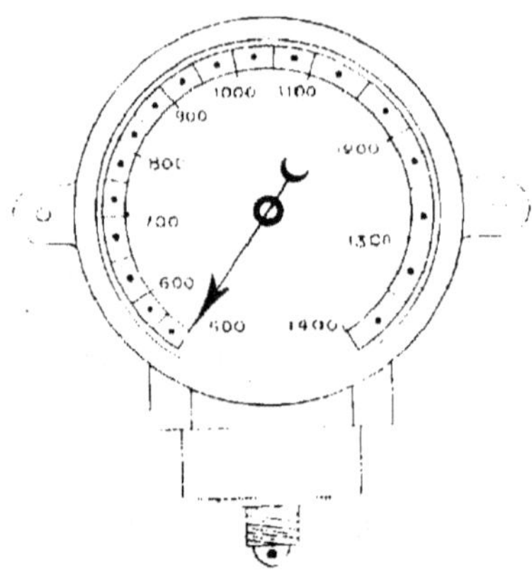

Fig. 25. — Compte-tours.

Son excédent de puissance est, en effet, toujours assez considérable pour qu'on puisse, sans inconvénient, réduire les gaz jusqu'à ce que le tachymètre accuse une diminution d'une cinquantaine de tours, quitte à les ouvrir en grand quand on verra le moteur faiblir par suite de l'altitude. On évitera ainsi une fatigue considérable à celui-ci, fatigue qui amène trop souvent la panne sèche.

Habituez vous

à écouter votre moteur.

CHAPITRE IV

LES VOYAGES

L'altitude.

L'altitude minima, au-dessus de laquelle il est prudent de voyager, varie naturellement avec les pays qui sont plus ou moins riches en terrains d'atterrissage, et avec les appareils qui planent plus ou moins bien et roulent au sol plus ou moins longtemps. C'est ainsi, par exemple, qu'il serait moins imprudent de voyager à 200 mètres, sur Maurice Farman, dans la région plate de Chartres, qu'à 500 mètres sur Spad, dans la région accidentée de Pau. On peut cependant dire que tout voyage au-dessous de 500 mètres est dangereux. Aussi est-ce une sage précaution de prendre de la hauteur au-dessus du terrain que l'on va quitter. Les courbes de niveau, dessinées en brun sur la carte, auront appris au pilote si le pays est plus ou moins accidenté, suivant qu'elles sont plus ou moins rapprochées, et les cotes (altitudes au-dessus du niveau de la mer), s'il comporte de fortes élévations, — ceci afin de voyager plus ou moins haut. Il va de soi, en effet, que l'altimètre ne peut pas renseigner à cet égard et qu'il ne donne que la hauteur par rapport au point pour lequel on l'a réglé. Généralement, une fois arrivé à 1.000-1.200 mètres, on peut réduire ses gaz, se mettre en ligne de vol et voyager à cette altitude, où il y a peu de remous, où le froid est supportable et la visibilité très bonne et très précise, bien que suffisamment étendue.

Cependant, la vitesse du vent augmentant en général avec la hauteur, il y a avantage à voyager plus haut par vent debout que par vent arrière. Cette augmentation étant sujette à de nombreuses exceptions, le pilote fera bien,

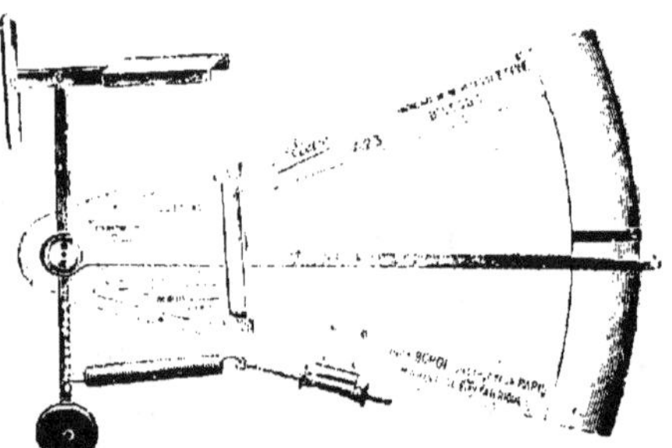

FIG. 26. — Indicateur de vitesse « Élevé ».

avant de partir, de se renseigner à la station météorologique la plus proche ; il pourra savoir ainsi, par exemple, que le vent qui fait 10 mètres à la seconde à 1.500 mètres n'en fait que 5 à 1.200 et voyager en conséquence. A défaut de ces indications, le pilote pourra, s'il rencontre un vent contraire trop violent, « tâter » l'air à différentes altitudes pour essayer de trouver un courant plus favorable.

Les nuages, le brouillard et la brume.

Certains nuages ténus n'offrent aucun inconvénient pour l'aviateur. Il en est de même des nuages épais mais clairsemés, s'il a le soin de les contourner, particulièrement si ce sont des nuages orageux, à proximité desquels on « encaisse » des remous secs et violents. Seuls les bancs de nuages sont dangereux. S'ils sont à basse altitude, mieux vaut passer dessus que dessous, à moins qu'ils ne forment un plafond continu. Outre les chances que l'on aurait de s'égarer, les risques courus en les traversant pour descendre seraient considérables, surtout s'ils sont à basse altitude et à proximité d'obstacles tels que des collines dont rien, pas même l'altimètre, ne pourrait révéler la présence.

Le mieux est de faire demi-tour et de revenir au terrain de départ, si l'on n'en est pas trop éloigné. On y trouvera toujours le beau temps qu'on y a laissé si le retour doit s'effectuer avec le vent dans le dos, et presque toujours dans les autres cas. En effet, même les avions d'école vont plus vite que le vent, et que les nuages, par conséquent. Il est donc inexact de dire que l'on est « pris » par ceux-ci ; neuf fois sur dix on les prend.

Si l'on est trop éloigné du point de départ pour y revenir, mieux vaut encore atterrir que de poursuivre son

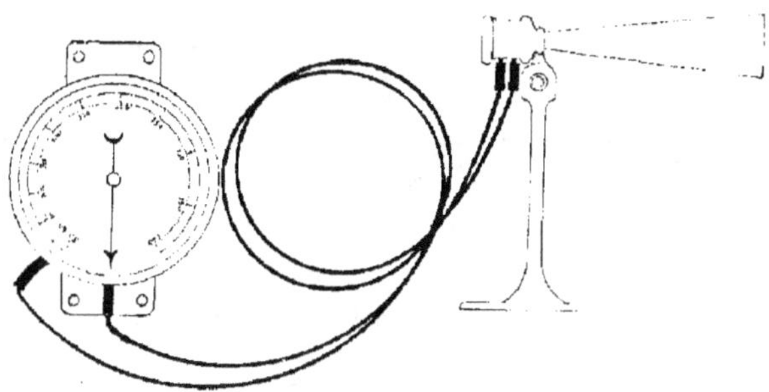

Fig. 27. — Indicateur de vitesse " Badin ".

voyage en « rase-mottes » où l'on est à la merci complète d'un moteur qui peut toujours s'arrêter. Enfin, ne pas repartir immédiatement après une averse, si on doit voyager vent dans le dos, afin de ne pas la rattraper.

Si vous avez eu l'imprudence d'entrer dans les nuages, pilotez la tête baissée dans la carlingue, avec les yeux fixés sur la boussole. Si celle-ci vous semble tourner à gauche, c'est que vous-mêmes êtes en virage à droite. Rectifiez en conséquence, et maintenez fortement votre palonnier pour éviter de faire ces demi-tours complets qui font dire aux jeunes pilotes que leur boussole est « folle », alors que ce sont eux-mêmes qui sont affolés.

Pas de voyage

au-dessous de 500 mètres.

Craignez également la perte de vitesse. Si l'opacité des nuages empêche de voir les ailes, il arrive souvent, en effet, que vous laissez prendre à votre avion une position inclinée qui peut provoquer une glissade, — surtout si vous ne « sentez » pas bien votre appareil.

Si les nuages sont dangereux, le brouillard l'est bien davantage, puisqu'il se tient près du sol : ne jamais entrer dedans ; faire demi-tour devant lui et revenir au point de départ, plutôt que d'atterrir ; Un atterrissage en campagne comporte toujours des risques. Si on a commis l'imprudence de s'engager au-dessus ou dedans, garder de l'altitude en attendant qu'il se dissipe et qu'un « trou » permette de descendre.

Enfin, par forte pression barométrique en été notamment, se produit souvent le phénomène optique de la brume. Le terrain, surtout en oblique, est masqué par une couche blanche et opaque. Celle-ci est cependant pénétrable au regard à certaines altitudes. Si à 2.000 mètres,

En virant,

rendez la main.

par exemple, la visibilité est nulle, il peut se faire qu'à 1.500 et surtout à 2.500 elle soit suffisante pour permettre de voyager.

La direction.

On se dirige à l'aide de points de repère, préalablement choisis, même en dehors du plus court chemin, s'ils sont caractéristiques (fig. 29) :

a) *Cours d'eau.* — Les canaux ne se voient parfois que lorsqu'on les prend exactement en enfilade, à cause de leur direction rectiligne et des arbres qui les bordent ;

b) *Routes.* — Les plus importantes paraissent parfois les plus étroites ou demeurent même invisibles, pour les mêmes raisons, quand on les regarde de côté ;

c) *Villes.* — Se révèlent au loin par le nuage de poussières et de fumées qui est au-dessus ;

d) *Lignes de chemin de fer.* — Surtout visibles quand elles sont en remblai ou en déblai ;

e) *Forêts.* — Forment des taches sombres ;

f) *Étangs.* — Forment des nappes brillantes.

Les points de repère ne devront pas être choisis trop nombreux et, si possible, suivant les conseils d'aviateurs ayant déjà fait le même voyage : La couleur particu-

> **Perdez ce que vous voudrez, mais... gardez votre vitesse.**

lière des toits d'une ville, par exemple, ne figure naturellement pas sur la carte.

Afin que l'avion n'empêche pas de voir les repères, voyager en côté et non à leur aplomb et, en cas de soleil, se placer entre eux et celui-ci afin de les découvrir sans difficulté.

La carte.

Longtemps avant de partir, étudier minutieusement sa carte, la coller sur toile et la fixer soigneusement dans son

porte-carte, en s'assurant qu'elle se déroule facilement
dans les deux sens ; y tracer au crayon de couleur la route
à suivre en la faisant contourner, autant que possible, les
régions non atterrissables forêts, villes, etc. ; la jalonner
tous les 10 kilomètres afin de se rendre compte, en passant à hauteur du premier point de repère, à quelle vitesse
on marche par rapport au sol et en déduire le temps nécessaire pour effectuer le parcours : *pendant ses voyages le
pilote doit avoir une montre pendue à côté de sa carte.*

Fig. 28. — Porte-carte.

Ne pas se contenter d'étudier strictement le chemin à
suivre, mais également le pays à droite et à gauche de
l'étroite bande de carte que l'on emmène à bord, et dont
on peut se trouver écarté. Chercher notamment des repères
de préférence des cours d'eau qui serviront de limites
qu'on ne devra jamais franchir et qui permettront même
souvent, au cas où l'on serait égaré, de se retrouver avec
certitude. C'est ainsi, par exemple, que le pilote perdu
entre Issoudun et Orléans devra savoir qu'il est au sud
de la boucle de la Loire. Il devra, au lieu de chercher à
prendre le chemin le plus court, c'est-à-dire exactement
la direction du nord, obliquer résolument vers le nord-
ouest. Il tombera forcément sur le fleuve qu'il n'aura qu'à
remonter vers l'est pour arriver à Orléans.

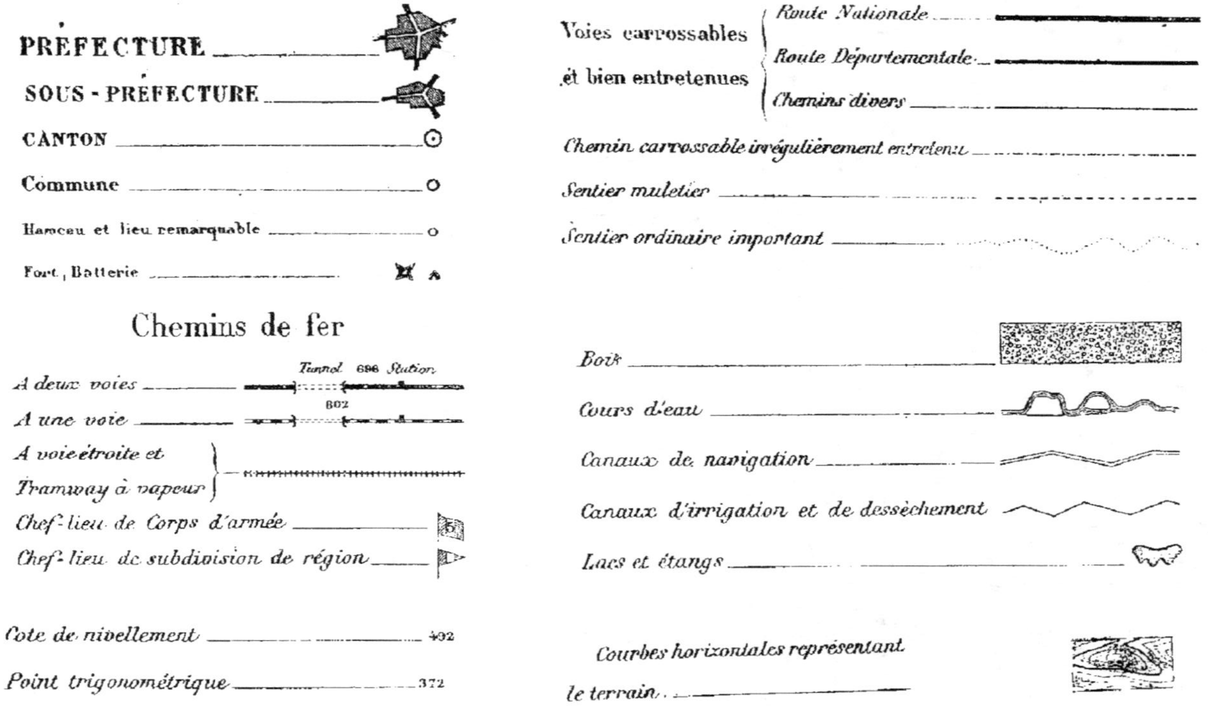

Fig. 29. — Légende de la carte au 1 200.000ᵉ.

N. B. — Les écritures droites désignent les Villes, Bourgs, Villages, Hameaux, et, en général, tous les lieux habités.
Les écritures penchées se rapportent aux Forêts, Bois, Rivières, Cols et Lieux-dits divers.

N'hésitez jamais à faire un détour pour retrouver un cours d'eau, une route, etc., au cas où vous seriez égaré, si ce point de repère doit vous permettre d'arriver avec certitude au but de votre voyage.

Enfin, si vous êtes incapable depuis un certain temps de situer l'endroit que vous survolez, ou de retrouver, en faisant marche arrière, un

Consultez votre indicateur de vitesse, mais sachez vous en passer.

point de repère dont vous êtes sûr et que vous venez de dépasser, n'insistez pas dans des recherches qui ne feraient que vous égarer davantage ; atterrissez et demandez votre chemin.

Il ne faut jamais partir avec une carte incomplète. Refaites, à la main, les parties manquantes afin d'avoir sans cesse sous les yeux la représentation du pays survolé.

La carte au 1 200.000 est la plus pratique 1 centimètre correspond à 2 kilomètres . Elle est l'image à peu près exacte du terrain vu de 1.000 à 1.500 mètres. La légende signes conventionnels diffère quelque peu suivant que l'édition est antérieure ou postérieure à 1912. Le nombre d'habitants des agglomérations et la configuration des chefs-lieux de canton et des villages de moindre importance sont indiqués dans celle-ci seulement fig. 36 .

Outre les cartes éditées par le Service géographique de l'armée, il y a encore celle de l'Aéro-Club, toujours à la même échelle, mais plus claire et portant les indications utiles aux aviateurs : aérodromes, etc.

La boussole

La boussole dont on fait usage dans l'aviation est un véritable compas marin. Il faut avoir soin de la placer près

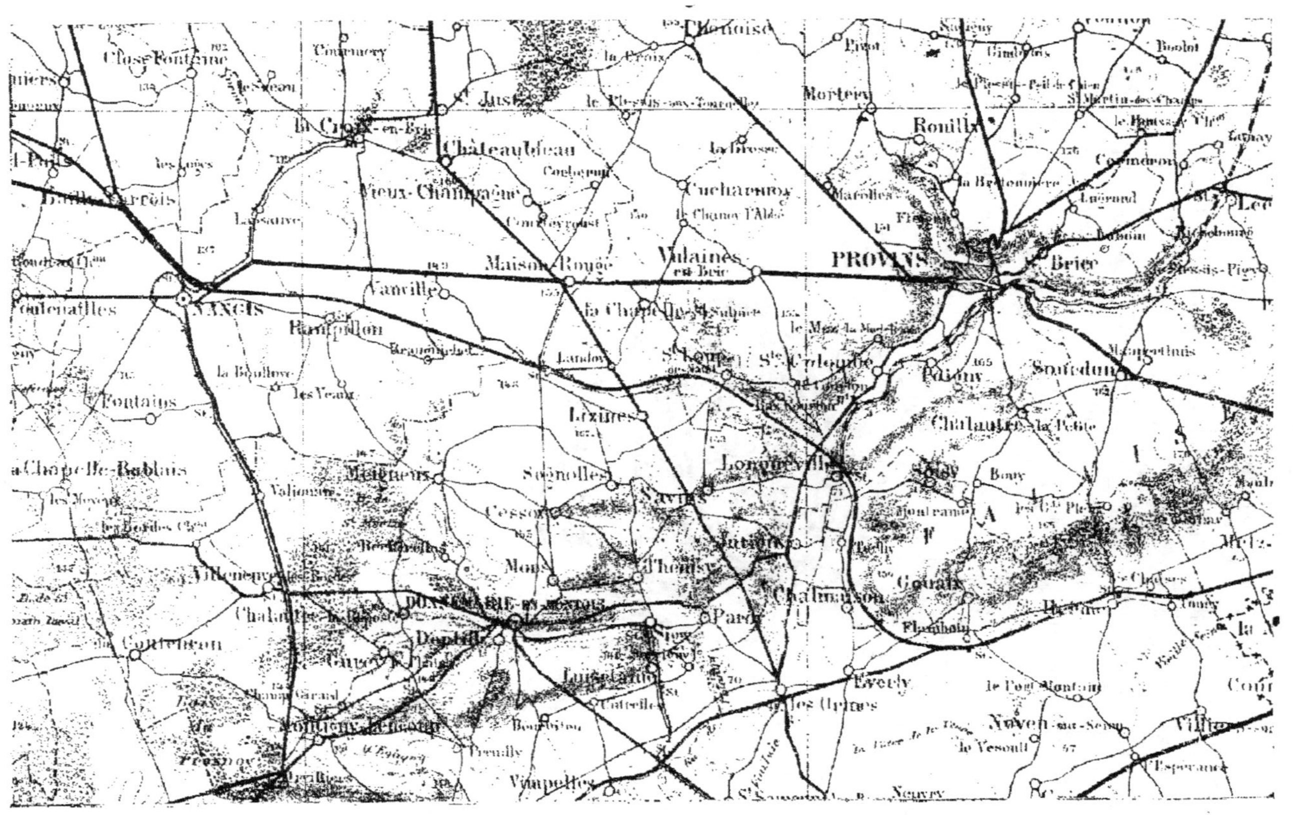

Fig. 30. — Trajet de Nangis à Provins (Reproduction, en noir, de la carte au 1:200.000).

de la carte afin que les renseignements fournis par celle-ci soient vérifiés par ceux que fournira celle-là. Elle doit également être placée loin de toute pièce métallique et de façon à ce que l'on puisse aisément la consulter (fig. 31).

Elle comprend deux parties :

1° *Une partie fixée sur l'avion et solidaire de ses mouvements*, suspendue à la cardan, afin de conserver une position constamment horizontale, et dont la partie supérieure d'imbe graduée de 0° à 360°, dans le sens *opposé* à la marche des aiguilles d'une montre, est munie d'un curseur

Fig. 31. — Boussole d'avion.

mobile. Le 0°, *ligne de foi* de la boussole, indiqué par un petit trait rouge, doit être placé rigoureusement en avant et parallèlement à l'axe de l'avion. L'axe est une droite imaginaire qui passerait par le milieu du moteur et du stabilisateur.

2° *Une partie indépendante des mouvements de l'avion et conservant toujours une position immuable dans l'espace.*

Elle se compose d'un plateau baignant dans un mélange d'eau et de glycérine, gradué lui aussi, de 0° à 360° *dans le même sens* que la marche des aiguilles d'une montre, sur lequel est peint une flèche rouge aimantée qui se dirige constamment vers le nord magnétique. Celui-ci est approximativement à 13° ouest du nord géographique.

On peut donc consulter la boussole : soit en comparant

la ligne de foi et les graduations de la rose des vents, soit le Nord et les graduations du limbe. Si par exemple, le chiffre 90 (Est) de la rose des vents est en regard de la ligne de foi, réciproquement le Nord (0°) sera en regard du chiffre 90 du limbe.

Il va de soi que si la ligne de foi de la boussole n'est pas mise correctement (c'est-à-dire n'est pas sur la parallèle de l'axe de l'avion), le pilote

**Si vous voulez
vous perdre, voyagez
à la boussole.**

n'en pourra pas moins la consulter en comparant le devant de son appareil avec la rose des vents.

D'ailleurs, tant que le brouillard et les nuages ne masquent pas le terrain, *il faut se diriger à l'aide de repères, les renseignements fournis par la boussole étant toujours approximatifs*, celle-ci étant influencée par les masses métalliques qui se trouvent dans son voisinage, malgré la *compensation* que l'on peut faire de ces influences, à l'aide de petites vis aimantées mises à proximité (1).

Les renseignements qu'elle donne permettront cependant de suivre la direction générale de la route, d'atterrir face au vent ainsi qu'il sera expliqué plus loin, et de combattre la dérive.

La dérive.

Le pilote, en voyageant par vent latéral, devra donner à son appareil une position telle que l'axe de celui-ci formera un certain angle avec la route à suivre, l'avant de l'avion étant, bien entendu, dirigé du côté d'où vient le vent. L'aéroplane aura ainsi une marche dite « en crabe » grâce à laquelle l'aviateur pourra combattre la dérive tout en marchant en ligne droite. Dans ce cas, la boussole n'indiquera pas la direction suivie par l'avion mais seule-

____

(1) Voir *Étude de Compensation de Boussole sur avion* du Commandant P. DE L., à la Librairie Aéronautique.

ment l'orientation de son axe. En voyageant vers l'est par violent vent du nord, par exemple, la ligne de foi et, en tous cas, l'avant de l'avion si celle-ci n'est pas placée correctement, sera orientée vers le nord-est et non vers l'est.

Il pourra alors arriver à l'aviateur qui observera, avant de le dépasser, un point de repère situé sur la gauche de sa route, de le voir à droite de sa carlingue (fig. 35).

Si vos commandes mol lissent. rendez la main.

Le calcul de l'angle de dérive pourrait être effectué avant le départ, en admettant qu'on ait fait au préalable, des sondages anémométriques exacts. On pourrait ensuite, avec cette première donnée, corriger, après l'avoir calculé d'autre part avec la carte et le rapporteur, l'angle sous lequel devrait se faire le parcours par vent nul et voyager à la boussole en orientant son appareil vers ce degrés. Ces calculs nous semblent, quant à nous, tout à fait aléatoires à cause des changements de direction et de vitesse du vent, selon l'heure et l'altitude, de la position plus ou moins exacte de la ligne de foi de la boussole par rapport à l'axe de l'appareil, etc. Nous estimons que le moyen le plus simple consiste à faire en l'air, dès qu'on a atteint la hauteur à laquelle on désire effectuer son parcours, le calcul qui comportera, d'un seul coup, la correction de la dérive, de la position inexacte de la boussole, des influences qu'elle peut subir, etc.

Il suffit pour cela :

1° De s'assurer que l'on suit bien le plus court chemin

Si votre moteur cale. coupez le contact.

figuré sur la carte par la droite qu'on y a tracée ; en marchant sur un point de repère (village par exemple) que l'on découvre à quelques kilomètres de là et qui est situé vers la ligne droite en question, en passant exactement, sans

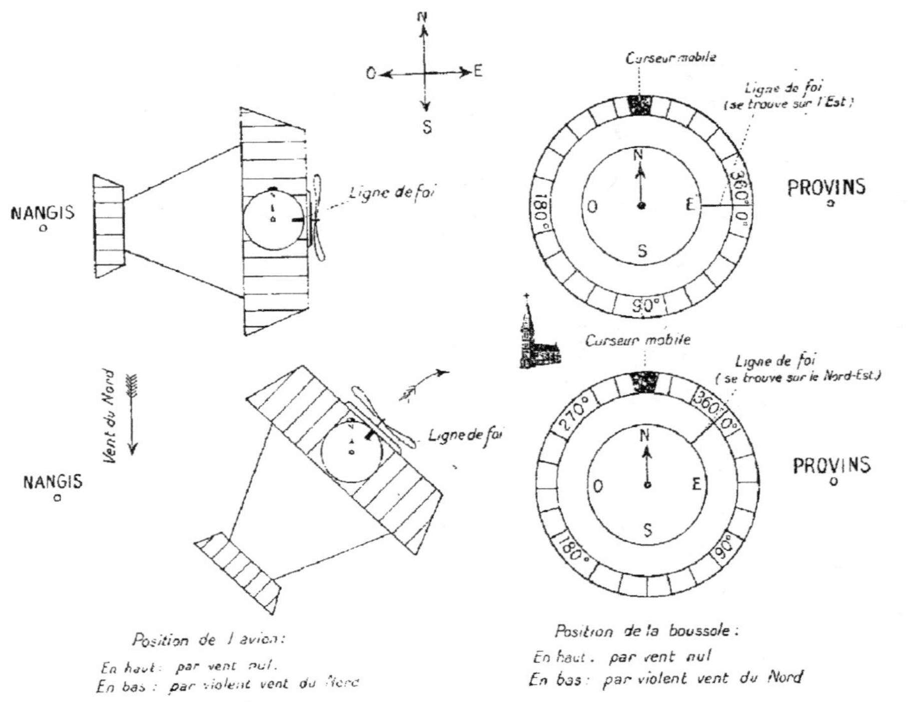

FIG. 32. — Trajet de Nangis à Provins (exactement de l'ouest à l'est).

se laisser dériver, sur d'autres points de repère (étangs, bouquets d'arbres, etc.) aussi rapprochés que possible et rigoureusement intermédiaires entre ledit village et vous-même ; ou encore en suivant strictement une route ou une ligne de chemin de fer située également sur la ligne droite ;

2° De placer le curseur, mobile autour du limbe de la boussole, sur le nord (flèche rouge).

Vous n'aurez plus, pendant le reste du parcours, qu'à donner à votre appareil une position telle que le curseur soit constamment en regard de ladite flèche rouge.

Le calcul de l'angle de route doit être corrigé, en employant les mêmes moyens, au cours d'un voyage d'une certaine longueur, le vent ayant pu varier surtout si on a changé d'altitude.

Dans un voyage en ligne droite, si à l'aller on a dû retrancher un certain nombre de degrés pour combattre le vent latéral, on devra, au retour, en ajouter le même nombre et réciproquement, *en admettant que le vent n'ait pas changé de direction et de vitesse.* Par exemple, si l'angle trouvé sur la carte était 90° (Est), pour le voyage d'aller, et qu'on a dû mettre son avion sous un angle de 45°, pour lutter contre un vent du nord, on devra, au retour, le mettre sous un angle de 270° (Ouest) ce qui serait le cas par vent nul, plus 45° : soit sous un angle de 315°.

L'atterrissage sur aérodrome.

Le pilote, arrivé en vue du terrain où il va atterrir, doit se dire que la partie la plus délicate de son épreuve reste à faire : y poser correctement son appareil. Qu'il ne se hâte donc pas de descendre, mais qu'il diminue lentement et progressivement ses gaz. Arrivé à 200 mètres, il fera un tour de piste, en prenant bien soin. le cas échéant, de tourner dans le même sens que les autres avions. Il pourra

ainsi se remettre de son voyage et procéder minutieusement à l'opération préalable à tout atterrissage, même sur un aérodrome : la reconnaissance du terrain. Après quoi,

> **Après une épreuve de B. M., faites un tour de piste avant d'atterrir.**

il s'y posera en observant les consignes particulières à celui-ci, et dont il aura dû s'informer avant de partir. Généralement les pilotes doivent atterrir à proximité et dans le sens d'un T en toile blanche posée sur la piste, même si celui-ci n'indique pas exactement la direction du vent.

> **Rase-mottes**
> ---
> **Rase-mort.**

Les cotes indiquées sur la carte auront, avant son départ. appris au pilote si son point d'atterrissage est à la même altitude que son point de départ. Il aura pu régler ainsi son altimètre en conséquence en faisant tourner le cadran à l'aide du bouton moleté. Si, par exemple, le point de départ est à la cote 400 et le point d'arrivée à celle de 200, il est bon de mettre, avant de prendre l'air, le chiffre 200 en face de l'aiguille, afin que l'indication fournie à l'arrivée soit exacte. Il va de soi, d'ailleurs, qu'au-dessous de

> **Quand vous faites un tour de piste, surveillez les autres avions.**

300 mètres, sauf la nuit, le pilote doit juger à l'œil à quelle altitude il se trouve. Un atterrissage ne se fait pas à l'altimètre, — lequel est au surplus souvent en retard dans ses indications.

L'atterrissage en campagne.

Si le pilote est forcé de faire un atterrissage en campagne, celui-ci comportant toujours des risques, il ne devra jamais oublier de couper son contact et de fermer son essence avant de toucher le sol, pour éviter l'incendie en cas de capotage. Même s'il se trouve au-dessus d'un endroit en apparence excellent, qu'il ne se hâte pas de piquer, mais qu'il prolonge au contraire son vol plané,

> **Partez et atterrissez face au vent et à une ligne droite privée d'obstacles.**

en consultant au besoin son indicateur de vitesse. Il pourra ainsi reconnaître son terrain en multipliant de *larges* spirales autour, pour finir par le dépasser, vent dans le dos (ainsi qu'il a été dit plus haut pour l'épreuve de vol plané) jusqu'au moment où il jugera qu'il est temps de faire demi-tour et de venir s'y poser au *début — la longueur de celui-ci devant être intégralement utilisée, quelle qu'elle soit.* Le pilote qui descendrait en ligne droite de 800 ou de 1.000 mètres pour atteindre un terrain aura de grandes chances de le manquer. Péchant par excès contraire, celui qui prolongerait ses spirales au-dessous de 100 mètres commettrait une imprudence, toute manœuvre près du sol étant dangereuse.

Si l'atterrissage a lieu par suite d'une panne sèche, le pilote devra tout d'abord couper le contact et fermer l'essence — afin d'éviter une reprise inopinée du moteur au moment d'atterrir. — puis prendre la direction où les terrains d'atterrissage lui semblent les plus nombreux.

Il est bon que le pilote observe avant ses voyages, tant à terre qu'en avion, la couleur des terrains propices, ce qui lui permettra de les repérer pendant le parcours, *en tenant compte de leur orientation par rapport au vent.*

S'il se trouve au-dessus d'une région non atterrissable, telle qu'une forêt, il devra, avant de choisir une direction à prendre pour la quitter, se demander à quelle distance il est de la lisière la plus proche et s'il n'aurait pas avantage à se mettre vent dans le dos pour atteindre une autre lisière, même plus éloignée. Une fois descendu à 200 ou 3oo mètres, à moins d'obstacles sérieux subitement découverts, il faut que le choix du terrain soit irrévocable. On doit atterrir dans celui que l'on a repéré, même si, au dernier moment, on en voit un autre, tout proche, qui semble préférable.

La direction du vent.

Quel que soit l'appareil que l'on pilote, on augmente dans des proportions considérables les chances de le casser en n'atterrissant pas face au vent. Si l'atterrissage a eu lieu avec vent de côté, se souvenir qu'un « cheval de bois » peut toujours se produire tant que l'appareil n'est pas arrêté. A mesure que sa vitesse diminue, appuyer davantage sur le palonnier pour éviter que, formant girouette, il se mette face au vent

Pour un parcours de courte durée, le pilote est en droit de supposer que le vent ne changera pas ; le sens de son atterrissage devra, par conséquent, être le même que celui de son décollage. En décollant, il est donc bon de prendre l'habitude de toujours jeter un coup d'œil sur sa boussole : l'atterrissage devra se faire avec la même orientation. Il est d'ailleurs prudent de vérifier la direction du vent qui a pu changer, surtout si le voyage est de quelque longueur. Les nuages ne peuvent guère renseigner à cet égard : l'avion allant plus vite qu'eux, le pilote a

> **Atterrissez en campagne au début du terrain.**

toujours l'impression qu'ils viennent vers lui et qu'il navigue vent debout. Les fumées seules peuvent donner une indication précise.

Il ne faut pas hésiter à faire un léger crochet pour survoler un village où on pourra vérifier leur orientation en regardant la boussole, *en passant exactement au-dessus* pour éliminer toute illusion d'optique (vues de côté, les fumées semblent toujours parallèles à votre marche). Se méfier des fumées de locomotives, dont la position couchée peut tromper, ainsi que de celles qui partent de vallées encaissées, soumises à des courants purement locaux. Prendre soin également, en cas de grand vent, alors que les fumées prennent une position horizontale, de bien regarder quel est leur point de départ (le panache va en s'élargissant) et de ne pas commettre la faute grossière de prendre, par exemple, un vent d'est pour un vent d'ouest et réciproquement, faute que l'on peut faire aussi, par inattention, en regardant une girouette.

Portez toujours

un casque en avion.

Le pilote, pendant la reconnaissance de son terrain, pourra aussi observer dans quel sens il est déporté (les cercles qu'il veut décrire sont transformés en ellipses), procédé qui n'est guère utilisable qu'au cas où le vent est assez violent.

Le départ en campagne.

Le pilote doit étudier et mesurer son terrain en le parcourant à pied, faire combler tout fossé et supprimer tout obstacle qui pourrait, même faiblement, en diminuer la longueur; parquer les curieux sur les côtés, éloigner les chiens qui pourraient venir se jeter dans l'hélice, faire jouer toutes les commandes à fond et vérifier son appareil : câbles (spécialement au passage des poulies), train d'atterrissage (nettoyer les pneus et les huiler pour éviter leur adhérence à la terre, si celle-ci est trop mouillée), hélice (veiller à ce qu'elle ne soit ni cassée, ni fendue, ni oblique par rapport au nez du moteur). Il viendra ensuite prendre son départ face au vent et *tout au début du terrain*. Puis il essaiera son moteur et s'assurera qu'il atteint et *tient* son régime normal, non seulement en regardant le compte-tours, mais aussi en écoutant s'il « tourne rond » : un pilote doit *savoir écouter* son moteur. Pour cela, il fait tenir son avion ou, si possible, met des cales solides sous les roues, à l'endroit même où il va repartir, afin de décoller immédiatement après que l'essai aura été satisfaisant et le moteur chaud, sans risquer, en roulant avec son appareil pour le mener au point de départ, d'engorger des cylindres ou d'encrasser des bougies pendant cette marche au ralenti.

Si les personnes qui aident à cette manœuvre sont étrangères aux choses de l'aviation, les précautions (recommandations, avertissement de la violence du vent de l'hélice, répétition de la mise en marche de celle-ci, etc.), doivent être aussi complètes que possible, de multiples accidents ayant déjà eu lieu dans ces circonstances. De nombreux accidents surviennent également, par suite de perte de vitesse, parce que le pilote, craignant faussement de ne pouvoir franchir les obstacles qui bordent son terrain, « tire » trop et trop tôt sur son appareil, ou parce que le moteur « bafouillant » ou s'éteignant au départ, il essaie de faire un demi-tour pour revenir y atterrir, vent dans le dos. S'il est trop bas pour qu'il lui soit possible de venir le prendre vent debout, mieux vaut qu'il se pose droit devant lui, dans le terrain qui se présente. Pour éviter de capoter, si c'est un champ d'épis, qu'il y atterrisse avec le moins de vitesse possible et en redressant assez

tôt pour que la queue de son appareil touche la première.
Même recommandation s'il s'agit d'un bois.

La nuit.

Il ne faut partir qu'avec la certitude de pouvoir arriver
au jour. Pourtant, si vous trouvez un vent contraire plus
violent que celui que vous aviez prévu, et que l'heure soit
avancée, n'attendez pas que le soleil soit couché pour vous
mettre à la recherche d'un terrain propice et vous y poser.

Que le désir de rentrer ne vous fasse pas courir les dangers inhérents à un atterrissage de nuit auquel vous n'êtes
pas entraîné.

L'incendie.

L'incendie se déclarant spontanément en l'air est heu-
reusement chose rare avec les avions actuels, s'ils sont bien
entretenus. Quand le fait se produit pour une cause quelconque retour de flamme,
durite de tuyauterie cre-
vée, etc., le pilote devra descendre rapidement sans faire
d'autre virage que celui qu'il
aura à effectuer près du sol

> **Admettez et diminuez vos gaz lentement et progressivement.**

pour se mettre face au vent, afin que les ailes ne soient pas
léchées par les flammes.

Dans les appareils dont le moteur est à l'arrière, il est
prudent, également, de crever d'un coup de pied le carreau
qui se trouve au fond de la carlingue afin de former un
courant d'air qui chassera la flamme en arrière, et de ne
pas piquer à la verticale afin que l'incendie ne se commu-
nique pas à la queue. Il faut auparavant fermer l'essence
et ouvrir les gaz en grand afin que l'essence qui reste dans

le carburateur et dans la tuyauterie se consume aussi rapidement que possible.

Le pilote auquel cet accident arrive doit, avant tout, garder son sang-froid et se dire que l'incendie s'arrêtera probablement de lui-même, s'il exécute la manœuvre indiquée, et qu'en tous cas de nombreux aviateurs auxquels la chose est arrivée, même à de hautes altitudes, en sont sortis indemnes.

L'argent.

Le pilote, avant de partir en voyage, doit se munir d'argent. Comme nous le verrons plus loin, il est certaines dépenses qu'il sera tenu, en cas de panne, de solder en espèces.

S'il n'a pas d'argent personnel, l'article 40 de l'Instruction provisoire du 17 mars 1914 sur l'administration et la comptabilité du service de l'aéronautique, prescrit qu'il peut recevoir du trésorier une avance légale à quinze jours de solde et d'indemnités, sur la présentation de son ordre de voyage. D'autre part, des avances peuvent être délivrées par l'officier d'administration du Centre pour payer les dépenses qui doivent être soldées au comptant au cours des voyages aériens. Ces avances ne sont faites que sur l'ordre écrit du commandant du Centre.

Après chaque voyage, la partie prenante remet, dans les quarante-huit heures de son retour, à l'officier d'administration comptable finances, les pièces de dépenses et le reliquat des sommes non dépensées.

La tenue.

Le pilote doit penser qu'il est toujours à la merci d'une panne qui peut l'obliger à faire un séjour en dehors du Centre auquel il appartient. Il doit donc, sous ses vêtements chauds, porter une tenue de sortie réglementaire. Qu'il n'oublie pas non plus d'emporter son képi, le casque, d'une nécessité absolue en avion, étant parfaitement ridicule à terre. Enfin, un petit sac de voyage contenant notamment une trousse de toilette et de quoi écrire peut aussi utilement trouver place dans le coffre.

La trousse de bord.

Bien que l'élève pilote ne soit pas forcément mécanicien, il est bon qu'il ait toujours dans sa carlingue une trousse garnie, dont la composition sera variable suivant les appareils : pinces, clefs anglaises, seringue à essence, etc., de façon à pouvoir effectuer lui-même les réparations les plus fréquentes et les moins difficiles : bougies encrassées, cordes à piano cassées, carburateur obstrué, etc. Il faut également emporter des bâches spéciales pour recouvrir l'hélice et le moteur, au cas où l'appareil ne pourrait être remisé.

Les papiers indispensables.

Aucun aviateur ne doit quitter le Centre auquel il appartient sans être porteur d'un ordre de service signé du chef du Centre ou de son remplaçant. Dans ses voyages, l'élève aura également à faire signer cet ordre par deux témoins autorisés : gendarmes, garde-voies, etc., à chacun de ses atterrissages réglementaires. Cette formalité est inutile pour les atterrissages intermédiaires qu'il pourrait effectuer par suite de panne ou autrement. L'aviateur doit également se munir de pièces d'identité : livret militaire, carnet de vol, etc. Faute de n'avoir pu produire de pièces utiles, il arrive encore fréquemment que des aviateurs soient retenus par les autorités de la commune où ils ont atterri.

Fig. 33. — La conséquence habituelle d'une « panne de château ».

Enfin, il ne faut pas oublier d'emporter la pochette délivrée par l'administration du Centre auquel on appartient et qui contient :

1° Un petit recueil de prescriptions désuètes pour la plupart à observer par les aviateurs en voyage. Elle débute par la recommandation suivante, qu'un pilote consciencieux se fera toujours un devoir d'observer à la lettre : *les aviateurs militaires ne devront jamais perdre de vue que le but de leurs voyages est la préparation à la guerre.* Il est bon de rappeler à ce propos que ceux qui se livrent à la « panne de château » ou qui prennent à bord des passagers s'exposent aux peines disciplinaires les plus graves, et cela dans un espoir de gloriole qui est généralement déçu, la casse de l'appareil se produisant neuf fois sur dix au cours de ce genre d'exhibition (fig. 33) ;

2° Des formules pour télégrammes officiels et leur confirmation ;

3° Un carnet de bons de réquisition ;

4° Des formules de certificats des dégâts causés par le pilote, que celui-ci remet aux propriétaires après avoir indiqué la nature, l'étendue et l'importance des dégâts ;

5° Une notice pour le règlement des dégâts ;

6° Une formule de rapport au sujet des dégâts causés ;

7° Un état de paiements effectués par le pilote lui-même pour les dégâts causés ;

8° Une réquisition de transport.

Les diagrammes.

Outre les ordres de service signés, les diagrammes constituent les pièces officielles qui seront envoyées au Ministère à l'appui de la demande d'homologation du Brevet. Celle-ci donnera droit à l'indemnité de fonction, — dont le rappel sera payé du jour de la dernière épreuve, — et à l'agrafe spéciale de pilote.

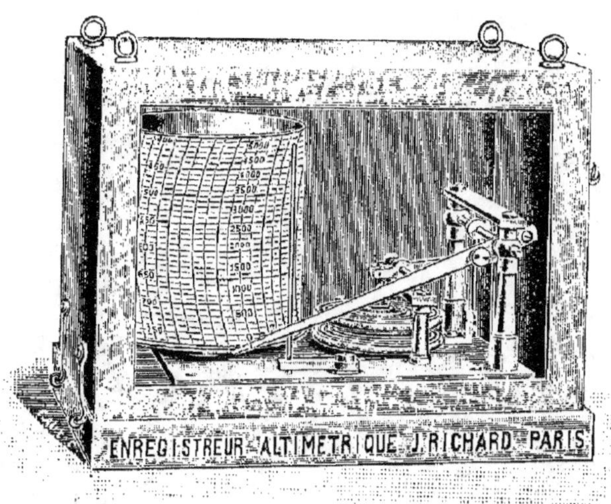

Barographe de 5.000 mètres (ou baromètre enregistreur).

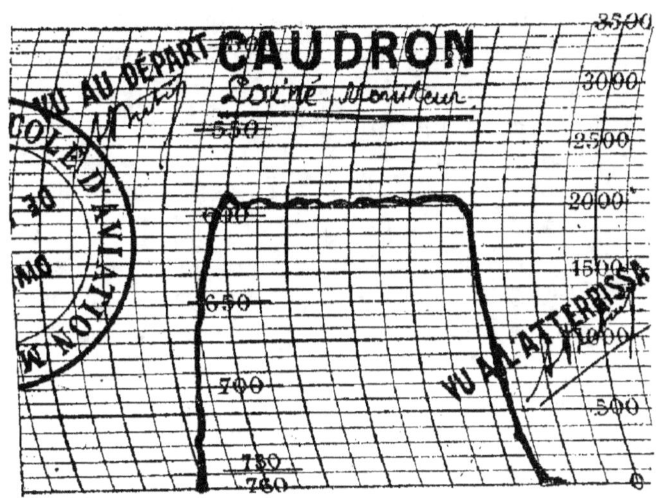

Diagramme d'une heure, à 2.000 mètres.

(L'appareil, un G. 4, a mis exactement 14 minutes pour y monter
et 7 minutes 1/2 pour en descendre.)

Il importe donc que l'élève connaisse le fonctionnement du barographe, afin de n'être pas forcé de recommencer une épreuve à cause de son mauvais fonctionnement.

Cet instrument n'est autre chose qu'un altimètre anéroïde enregistreur. La dépression (l'altitude par conséquent) fait lever une petite tige d'acier à l'extrémité de laquelle se trouve une plume en contact avec une feuille de papier appliquée sur un rouleau, qu'un mouvement d'horlogerie fait tourner régulièrement. Le trait inscrit indiquera donc la durée du vol et le temps mis pour atteindre les diverses altitudes.

Le barographe doit être suspendu par des ressorts à boudin ou des élastiques et de façon à ce que le diagramme qui s'inscrit soit facilement visible. En effet, l'altimètre et la montre ne sont pas toujours en concordance exacte avec le barographe et celui-ci seul faisant foi, il est nécessaire de pouvoir constamment le consulter.

Les plus usités de ces appareils indiquent l'altitude jusqu'à 3.500 mètres. Le chiffre 600 (pression barométrique) correspond à une altitude de 2.000 mètres ; le tour complet du cylindre demande six heures et le stylet met 7 minutes et demie pour franchir un des intervalles (espace compris entre un gros et un petit trait vertical). Le mouvement d'horlogerie doit être remonté toutes les trente heures. Il est donc prudent de se munir de la clef qui permettra également, après un arrêt prolongé en cours de route, de remettre le stylet au o, au cas où une variation barométrique l'aurait fait monter ou descendre. Dans ce dernier cas, il serait à craindre en effet que celui-ci ne restât immobilisé sous le rebord du cylindre. S'assurer également que la plume du stylet est toujours encrée et marque bien.

On déclanche le barographe quand on a décollé, en portant de droite à gauche la petite tige de cuivre qui dépasse en avant ; la plume vient alors en contact avec le papier. On fait la manœuvre inverse dès qu'on a atterri, afin d'éviter que les secousses de l'appareil ne fassent jaillir l'encre sur le papier.

Pour que les diagrammes des diverses étapes ne chevauchent pas les uns sur les autres et que la plume ne soit pas arrêtée par la rencontre du ressort qui fixe la feuille sur le cylindre, il faut tourner celui-ci de façon à ce que le premier diagramme s'inscrive au début et, après un arrêt prolongé, le ramener en arrière, à la main, pour que la nouvelle étape vienne s'inscrire immédiatement à la suite de la précédente.

CHAPITRE V

PRESCRIPTIONS A OBSERVER EN CAS D'ATTERRISSAGE EN CAMPAGNE

Le campement.

Quelle que soit l'heure à laquelle on atterrit, si l'avion doit séjourner en plein air, recouvrir le moteur et surtout la magnéto ainsi que l'hélice avec les bâches spéciales que l'on a emportées à bord ; placer l'appareil autant que possible à l'abri, et dans tous les cas, vent debout, en le fixant par des câbles à des piquets ou des arbres (fig. 35) ;

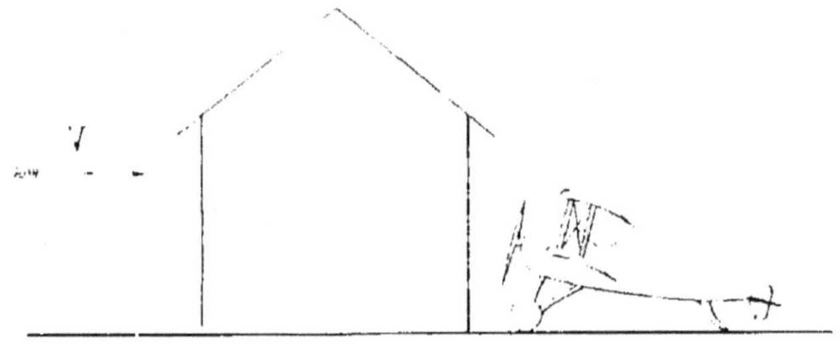

Fig. 35. — Arrimage d'un avion, vent debout, contre un obstacle.

l'attacher sans laisser de mou, en trois points ; disposer les cordes de manière à ce qu'il n'y ait ni fils, ni surfaces détériorées. Amarrer les commandes. Éviter l'afflux de curieux en mettant immédiatement une garde à laquelle on donne la consigne très stricte de ne laisser personne toucher à l'appareil, même pour écrire son nom. On peut autoriser la garde à s'abriter sous les ailes, sans cependant y toucher. Éviter le feu à proximité de l'avion; vider les radiateurs si on craint la gelée.

La garde de l'appareil.

Les Circulaires du 12 novembre 1912 et du 3 juin 1914 prescrivent que tout aviateur militaire, amené à atterrir à proximité d'une ville de garnison, pourra demander au commandant d'armes les hommes nécessaires pour assurer la garde de son appareil. Lorsque l'atterrissage aura eu lieu loin de toute garnison, mais à proximité d'une brigade de gendarmerie, il s'adressera au chef de brigade, qui assurera la garde de l'appareil, s'il le peut, au moyen de son propre personnel. Celui-ci aura droit, dans ce cas, à l'indemnité correspondant à ce service extraordinaire d'après le taux en usage dans le corps de la gendarmerie pour la garde des avions ; cette indemnité n'est justifiée que dans les seuls cas d'accident ou d'atterrissage par cas de force majeure, avec impossibilité matérielle de repartir immédiatement.

En semblable circonstance, il appartiendra, du reste, à l'aviateur de prendre toutes dispositions utiles pour diminuer, dans la plus large mesure possible, la tâche de la gendarmerie et, dans ce but, de faire appel à des hommes de confiance volontaires que le chef de la brigade ne manquera pas de lui procurer et qui se chargeront de garder l'appareil moyennant une rétribution de 5 francs par douze heures de garde et par homme. Cette rétribution sera payée directement par l'aviateur et remboursée sur sa déclaration par le Centre dont il dépend.

Lorsqu'ils en sont requis par les aviateurs militaires, les gendarmes sont tenus de remettre à ces derniers un docu-

ment constatant la date, l'heure et le lieu de leur atter
rissage.

A défaut de gendarmes, ou avant leur arrivée, le garde
champêtre ou le maire de la commune indiquera au pilote
des hommes de confiance qui se chargeront de la garde de
l'appareil.

Les autorités à prévenir.

Après avoir ainsi assuré la garde de son appareil, l'aviateur devra recommander aux gardiens de ne laisser ap-
procher personne, et emporter avec lui ses instruments
de bord : boussole, montre, altimètre, barographe, etc.
Puis, il ira, sans tarder, au bureau de poste le plus proche
prévenir le Centre auquel il appartient de ce qui lui est
arrivé, sans omettre de dire s'il lui possible de repartir
sans le secours de personne et quelles sont exactement les
parties de son appareil à réparer ou à remplacer. Il arrive
trop souvent que des élèves pilotes examinent mal leur
avion et font des déclarations incomplètes : ils accusent,
par exemple, le bris d'une hélice, alors que le nez du mo
teur est également faussé. Ces renseignements inexacts
sont cause de déplacements inutiles pour les mécaniciens
venus avec un matériel insuffisant pour réparer l'appareil
— qui n'est même pas toujours réparable sur place. On
doit demander également, au cas où un autre centre
d'aviation serait plus proche, s'il vaut mieux s'adresser à
lui pour avoir des mécaniciens et, dans le cas où l'appareil
serait à démonter, si on doit rentrer immédiatement ou
rester pour le convoyer au retour.

Ces communications ont généralement lieu par téléphone. L'aviateur se fait délivrer un reçu de la somme
versée à la poste, somme qu'il prélèvera sur l'avance qui
lui a été faite, *la réquisition écrite pour obtenir l'accès des
postes téléphoniques étant interdite*. Si le téléphone ne fonc-

tionne pas dans la commune où il a atterri, il doit télégraphier, en rédigeant son télégramme sur une des formules contenues dans la pochette.

Il ne devra être fait mention du nom du pilote que dans le texte du télégramme et jamais dans l'adresse. Les télégrammes officiels doivent être rédigés d'une façon simple, précise, et ne comportent aucune formule de politesse. Ils doivent être signés par l'expéditeur. La confirmation du télégramme doit toujours être adressée au destinataire par la poste. Il est recommandé aux aviateurs, sous peine d'abus de franchise, de n'user des télégrammes officiels que pour annoncer leurs atterrissages, ou dans des cas très urgents.

Si l'atterrissage a lieu à proximité d'une garnison, l'aviateur devra se présenter au commandant d'armes, sauf en cas de départ immédiat. S'il fait escale dans une ville de garnison, il doit indiquer sans retard son adresse à l'autorité militaire locale qui peut avoir des communications à lui faire. Au cas où le pilote ne serait pas en mesure de donner ce renseignement au moment de l'atterrissage, il importe qu'il le fasse parvenir ensuite, le plus tôt possible, au bureau de la place (Circulaire du 6 décembre 1912).

Quand un aviateur atterrit sur un aérodrome militaire, il doit, dans le plus bref délai, se présenter au bureau du commandant du Centre ou à celui du chef pilote. Il ne doit pas, en principe, donner des ordres au personnel sans passer par l'intermédiaire du chef de Centre ou de son suppléant.

Les frais de déplacement.

Deux cas peuvent se présenter :

a) Le pilote atterrit loin de toute garnison.

Il a droit :

1° A un billet de logement chez l'habitant, qui lui sera

délivré par le maire sur la présentation de son ordre de service tenant lieu de feuille de route art. 29 du décret du 12 juin 1908 ;

2° A l'indemnité fixe et à l'indemnité partielle (s'il est officier) ou à l'indemnité journalière normale (s'il est homme de troupe).

b) Le pilote atterrit à proximité d'une ville de garnison.

S'il est homme de troupe, il doit, à moins d'empêchement absolu, être mis en subsistance dans un régiment de cette garnison, qui lui sera indiqué au bureau de la Place. Pendant la mise en subsistance, les hommes sont nourris à l'ordinaire, les sous-officiers au mess ou à la cantine et n'ont droit à aucune allocation au titre de frais de déplacement.

Si l'éloignement du terrain d'atterrissage, la nécessité de rester en permanence auprès de l'appareil ou tout autre motif empêche le pilote d'être présent aux heures des repas et l'oblige à vivre isolément, l'allocation de l'indemnité journalière lui est accordée pendant la durée du séjour par décision du commandant d'armes constatée par un certificat de cette autorité, que le pilote devra produire à son retour art. 15 de la loi du 13 juin 1908), ou, en cas d'impossibilité de se rendre chez le commandant d'armes, par un certificat signé par lui-même.

Le règlement des dégâts.

La circulaire du 22 novembre 1911 prescrit, dans le cas où des dégâts seront causés à des propriétés privées à la suite d'une manœuvre aéronautique (atterrissage par exemple), que l'auteur des dégâts est autorisé à les régler séance tenante toutes les fois que leur montant sera égal ou inférieur à 20 francs par propriétaire. Le pilote aura soin de faire émarger les parties prenantes sur un état de paiement spécial qu'il devra faire parvenir au Commandant du Centre.

Lorsque le montant du dégât est supérieur à 20 francs, le règlement du dommage est fait, soit par les soins du Commandant du Centre — si le dommage a lieu dans un rayon de 50 kilomètres autour de cet établissement, — soit par les soins du Général commandant le corps d'armée si le dommage s'est produit à une plus grande distance.

A cet effet, l'auteur des dégâts devra délivrer ou faire parvenir immédiatement aux propriétaires intéresssés un certificat descriptif sur lequel il devra noter, de façon aussi précise que possible, les dégâts commis. Il est préférable d'établir cet état avec le concours de l'autorité locale (maire, garde champêtre, commissaire de police, ou de la gendarmerie, et de le faire certifier par cette autorité.

Les formules des certificats indiquent, en outre, l'autorité à laquelle les personnes lésées doivent s'adresser pour le remboursements des dégâts.

L'auteur des dommages devra donc se renseigner au sujet des propriétaires lésés, de façon à pouvoir leur envoyer un certificat descriptif sans retard.

Le pilote adressera ensuite au Commandant du Centre ou au Général commandant le corps d'armée, suivant le cas, un rapport descriptif reproduisant les indications portées sur le certificat.

Ci-dessous, à titre de renseignements, le taux des indemnités qui pourront être accordées suivant la nature des cultures. Ces tarifs ont été calculés pour la région parisienne, et, par suite, doivent être considérés comme des maxima.

Nature de la récolte	Nature du dégât	Évaluation par are pour la région parisienne
Blé	Destruct. complète	12 fr.
Avoine	id.	11 »
Orge	id.	10 »
Foin.		
Luzerne.		
Colza	id.	7 »
Navette.		
Sarrazin		
Prairies artificielles ou naturelles	id.	8 »
Pommes de terre	Foulées aux pieds	19 »
Haricots	id.	19 »
Betteraves	id.	16 »
Terres labourées	id.	2 »

Les dégâts causé par l'atterrissage lui-même sont en général de peu d'importance, mais, dans la plupart des cas, de nombreux curieux pénétrent dans les champs, endommageant les récoltes qui s'y trouvent. Le pilote doit faire son possible pour assurer la police en prenant ou en provoquant immédiatement des mesures propres à empêcher l'envahissement des terrains. Les dommages causés aux propriétés privées pourront ainsi être évités, ou, du moins, fort réduits.

Le paiement des achats et de la main-d'œuvre.

Les objets ou matières dont l'aviateur peut avoir besoin en cours de voyage aérien sont achetés par lui, sur place, au moyen de bons détachés du carnet à souche contenu dans sa pochette. Ce carnet sera, dès sa rentrée, adressé en communication au Commandant du Centre, avec toutes les factures concernant le voyage. Les factures seront visées pour acceptation par le pilote.

Il est recommandé au pilote qui aura à faire usage de bons en cours de voyage :

1° De remplir les souches conservées au carnet ;

2° De se faire délivrer la facture, séance tenante, en échange du bon ;

3° Au cas où la facture n'aurait pu être obtenue au moment de la livraison, de se la faire adresser au Centre auquel il appartient et de la réclamer dès sa rentrée, au cas où elle n'aurait pas été envoyée ;

4° D'attirer l'attention des fournisseurs sur le mode de paiement qui est assuré au moyen d'un mandat-poste ou d'un mandat sur le Trésor qui leur sera adressé ultérieurement par le Commandant du Centre. Les mandats sur le Trésor peuvent être touchés dans les trésoreries générales, les recettes des finances ou chez les percepteurs.

Si un fournisseur exigeait le montant immédiat de sa fourniture, l'aviateur le réglerait sur-le-champ et se ferait remettre une facture acquittée qui lui serait remboursée par le Centre, auquel il devrait la faire parvenir directement.

Quand l'aviateur doit avoir recours à la main-d'œuvre civile pour la réparation, le transport, la garde de son appareil, ou pour toute autre cause, le règlement de la dépense correspondante est effectué de la même façon que pour les achats, c'est-à-dire de préférence au moyens de bons, ou en cas, d'impossibilité, directement et contre facture acquittée.

Il en est de même pour toutes les dépenses concernant le matériel que l'aviateur peut avoir à faire en cours de raid, à l'exception : des indemnités pour dégâts dont il a été parlé plus haut, des salaires, pourboires, et menues dépenses qui sont remboursées par le Centre sur production d'une note de frais d'atterrissage, et des dépenses de transport par voie ferrée pour lesquelles on doit procéder comme il est dit ci-après.

Quant aux dépenses concernant le personnel militaire solde et indemnité, frais de nourriture et transport, etc.), elles ne sauraient, en aucun cas, être réglées par les soins du Centre.

La vente de l'essence.

Dans certaines circonstances, il peut arriver que des pilotes se trouvent dans l'obligation d'abandonner tout ou partie de l'essence contenue dans leurs réservoirs, par exemple avant une expédition en chemin de fer, ou pour sortir d'un terrain difficile à la suite d'un atterrissage forcé. Dans l'intérêt de l'État, il y aura lieu de chercher à céder sur place l'essence à abandonner, la cession devant être faite à un prix se rapprochant le plus possible du prix d'achat. Ce n'est qu'en cas d'impossibilité *absolue* d'opérer une cession amiable qu'un pilote devra se résoudre à détruire tout ou partie de sa provision de carburant. En cas de cession amiable le pilote se fera délivrer un reçu provisoire indiquant très lisiblement le nom et l'adresse de la personne avec laquelle il a traité, la quantité d'essence cédée et le prix de cession convenu. Le pilote adressera immédiatement ce reçu à son chef de Centre. En cas de destruction de tout ou partie de la provision d'essence, le pilote établira une déclaration de perte et la fera parvenir dans les vingt-quatre heures à son chef de Centre.

Le transport de l'avion par voie ferrée.

Quand l'appareil a besoin d'être démonté, le Centre auquel il appartient envoie généralement pour cela un ou plusieurs mécaniciens qui sont également chargés de le convoyer au retour. Parfois, c'est le pilote lui-même qui est chargé d'accompagner l'appareil ; il en est ainsi notam ment lorsque celui-ci a été démonté et embarqué par le personnel d'un Centre auquel il n'appartient pas. De toute façon l'aviateur doit surveiller soigneusement ces opérations afin que l'avion ne subisse pas de nouvelles détériorations. Il devra notamment s'assurer qu'il est bien arrimé et bien bâché sur le wagon. C'est également lui qui devra demander au sous-intendant militaire de la localité où il se trouve les ordres de transport nécessaires. A défaut du sous-intendant (ou de son suppléant). le pilote pourra néanmoins faire expédier « son matériel d'aviation » (B. O. P. R. 1911, p. 626), en remettant au chef de la gare de départ une réquisition qu'il aura remplie et signée, sur un des imprimés pour réquisition contenus dans la pochette qu'on lui a remise au départ.

TABLE DES MATIÈRES

POUR DEVENIR AVIATEUR

CHAPITRE PREMIER

Pourquoi on veut être aviateur.

CHAPITRE II

Marche à suivre pour entrer dans l'aviation.

CHAPITRE III

L'école préparatoire des aviateurs.

CHAPITRE IV

L'école de pilotage.

LES ÉPREUVES DU BREVET MILITAIRE

CHAPITRE PREMIER

Détail des épreuves.

CHAPITRE II

L'épreuve de vol plané.

CHAPITRE III

L'épreuve d'altitude.

CHAPITRE IV

Les voyages.

CHAPITRE V

Prescriptions à observer en cas d'atterrissage en campagne.

1464. — Tours, imprimerie E. Arrault et Cie.

BIBLIOTHEQUE NATIONALE DE FRANCE
3 7502 013047685